RECHERCHES

SUR

LA POPULATION.

RECHERCHES

SUR

LA POPULATION

DES GÉNÉRALITÉS

D'AUVERGNE, DE LYON, DE ROUEN,

ET

DE QUELQUES PROVINCES ET VILLES

DU ROYAUME,

AVEC

DES RÉFLEXIONS SUR LA VALEUR DU BLED
tant en FRANCE qu'en ANGLETERRE,
depuis 1674 jusqu'en 1764.

Par M. MESSANCE, Receveur des Tailles de l'Election
de Saint-Etienne.

A PARIS,

Chez DURAND, Libraire, rue Saint-Jacques,
à la Sageffe.

M. DCC. LXVI.
AVEC APPROBATION ET PRIVILEGE DU ROI.

AVERTISSEMENT.

L'Ouvrage qu'on préfente au Public n'eft qu'un Recueil de faits tous relatifs à la population de trois Provinces que l'Auteur a été à portée de connoître. On a fupprimé les réflexions dont la matière étoit fufceptible, pour ne s'attacher qu'à des faits effentiels qui affurent le nombre des habitans dans chaque Province. La plupart des Auteurs politiques, dont les Ecrits ont été publiés depuis quelques années, ont affuré une dépopulation dans le Royaume, & n'en ont apporté aucune preuve. Les Lecteurs feront en état de juger du mérite de pareilles affertions, & fi les perfonnes qui peuvent faire de femblables recherches dans les autres parties du Royaume vouloient s'en occuper, on pourroit prononcer d'une manière moins vague fur une matière auffi intéreffante par elle-même, & dont la connoiffance ne peut être acquife que par un grand nombre de faits & d'expériences multipliées.

M. l'Abbé Expilly a joint à fon Dictionnaire de

AVERTISSEMENT.

la France de pareilles recherches fur un grand nombre de Provinces. Les différentes combinaifons & les différens calculs qui rempliffent tout le fonds de l'Ouvrage qu'on préfente au Public, fe peuvent également appliquer à celui de M. l'Abbé Expilly, dont le travail s'eft exercé fur l'objet le plus utile & le plus intéreffant.

A la fuite des Recherches fur la population on a ajoûté une comparaifon de la valeur du bled à Londres, à Paris & à Lyon depuis 1674 jufqu'en 1764. Cette comparaifon prouve qu'en France ainfi qu'en Angleterre, le bled a également diminué de valeur dans le même efpace de temps, & on laiffe au Lecteur à juger de l'avantage qui en peut réfulter pour les deux Nations.

Comme il s'eft gliffé plufieurs fautes dans le corps de l'ouvrage, le Libraire fupplie inftamment le Lecteur de faire grande attention à l'Errata.

APPROBATION.

J'AI lu par ordre de Monseigneur le Vice-Chancelier un manuscrit qui a pour titre : *Recherches sur la Population des Généralités d'Auvergne, de Lyon & de Rouen, & de quelques autres Provinces & Villes du Royaume* : je n'y ai rien trouvé qui puisse en empêcher l'impression. A Paris, ce 15 Mars 1765.

MARCHAND.

PRIVILEGE DU ROI.

LOUIS, par la grace de Dieu, Roi de France & de Navarre : A nos Amés & féaux Conseillers les Gens tenans nos Cours de Parlement, Maîtres des Requêtes ordinaires de notre Hôtel, Grand-Conseil, Prevôt de Paris, Baillis, Sénéchaux, leurs Lieutenans Civils, & autres nos Justiciers qu'il appartiendra : SALUT. Notre amé le sieur DURAND, Libraire à Paris, Nous a fait exposer qu'il desireroit faire imprimer & donner au Public un Ouvrage qui a pour titre : *Recherches sur la Population des Généralités d'Auvergne, de Lyon & de Rouen, & de quelques autres Provinces & Villes du Royaume*, s'il Nous plaisoit lui accorder nos Lettres de Privilege pour ce nécessaires. A CES CAUSES, voulant favorablement traiter l'Exposant, Nous lui avons permis & permettons par ces Présentes, de faire imprimer ledit Ouvrage, autant de fois que bon lui semblera, & de le vendre, faire vendre & débiter par tout notre Royaume, pendant le tems de neuf années consécutives, à compter du jour de la date des Présentes. Faisons défenses à tous Imprimeurs, Libraires, & autres personnes, de quelque qualité & condition qu'elles soient, d'en introduire d'impression étrangère dans aucun lieu de notre obéïssance, comme aussi d'imprimer ou faire imprimer, vendre faire vendre, débiter ni contrefaire ledit Ouvrage, ni d'en faire aucun extrait sous quelque prétexte que ce puisse être sans la permission expresse & par écrit dudit Exposant ou de ceux qui auront droit de lui, à peine de confiscation des Exemplaires contrefaits, de trois mille livres d'amende contre chacun des contrevenans, dont un tiers à Nous, un tiers à l'Hôtel-Dieu de Paris, & l'autre tiers audit Exposant ou à celui qui

aura droit de lui & de tous dépens dommages & intérêts ; à la charge
que ces Préfentes feront enregiftrées tout au long fur le Regiftre de la
Communauté des Imprimeurs & Libraires de Paris , dans trois mois de
la date d'icelles ; que l'impreffion dudit Ouvrage fera faite dans notre
Royaume & non ailleurs , en bon papier & beaux caractéres , conformément à la feuille imprimée attachée pour modéle fous le contre-fcel des
Préfentes ; que l'Impétrant fe conformera en tout aux Réglemens de la
Librairie , & nôtamment à celui du 10 Avril 1725 ; qu'avant de l'expofer
en vente , le Manufcrit qui aura fervi de copie à l'impreffion dudit Ou-
vrage , fera remis dans le même état où l'Approbation y aura été donnée ,
ès mains de notre très-cher & féal Chevalier Chancelier de France , le
Sieur DE LAMOIGNON ; & qu'il en fera enfuite remis deux Exemplaires
de chacun dans notre Bibliothéque publique , un dans celle de notre
Château du Louvre , un dans celle de notredit très-cher & féal Chevalier
Chancelier de France , le Sieur DE LAMOIGNON , & un dans celle de
notre très-cher & féal Chevalier Vice-Chancelier & Garde des Sceaux de
France , le Sieur DE MAUPEOU ; le tout à peine de nullité des Préfentes :
du contenu defquelles vous mandons & enjoignons de faire jouir ledit
Expofant & fes ayans-caufe , pleinement & paifiblement , fans fouffrir qu'il
leur foit fait aucun trouble ou empêchement. Voulons qu'à la copie des
préfentes , qui fera imprimée tout au long , au commencement ou à la fin
dudit Ouvrage , foi foit ajoutée comme à l'original. Commandons au premier notre Huiffier ou Sergent , fur ce requis , de faire pour l'exécution
d'icelles , tous Actes requis & néceffaires , fans demander autre permiffion ,
& nonobftant clameur de Haro , Charte Normande , & Lettres à ce con-
traires : CAR tel eft notre plaifir. DONNÉ à Paris , le vingt-quatrième jour
du mois d'Avril , l'an de grâce mil fept cent foixante-cinq , & de notre
Regne le cinquantième. Par le Roi en fon Confeil,

LE BEGUE.

*Regiftré fur le Regiftre XVI , de la Chambre Royale & Syndicale des
Libraires & Imprimeurs de Paris , N°. 337 , fol. 298 , conformément au
Réglement de 1723 , qui fait défenfes Art. 41 à toutes perfonnes de quelques
qualités & conditions qu'elles foient , autres que les Lib. & Imp. de vendre ,
débiter , faire afficher aucuns Livres pour les vendre en leurs noms , foit qu'ils
s'en difent les Auteurs ou autrement , & à la charge de fournir à la fufdite
Chambre neuf Exemplaires prefcrit par l'Art. 108 du même Réglement. A Paris
ce 13 Mai 1765.*

LE BRETON , Syndic.

RECHERCHES

RECHERCHES

SUR

LA POPULATION,

Des Généralités d'AUVERGNE, de LYON,
de ROUEN, & de quelques autres Provinces
& Villes du Royaume.

L'ANNÉE commune des naiſſances doit être une règle ſure pour déterminer le nombre des habitans exiſtans dans une province, puiſque c'eſt par les naiſſances que la population ſe ſoutient & ſe perpétue, ſur-tout à la campagne, où preſque tous les hommes qui y naiſſent, s'y fixent & s'y marient, & où la génération préſente forme la génération qui doit la remplacer. Il n'en eſt pas de même dans les grandes villes, où le nombre des célibataires eſt toujours très-conſidérable, & où la population a beſoin, pour ſe ſoutenir, de ſe recruter

A

de nouveaux citoyens qui n'y ont pas reçu le jour : mais en général, il est dans l'ordre de la propagation que le nombre des naissances réponde au nombre des habitans dans une proportion telle, que les hommes qui naissent puissent remplir le vide de ceux qui meurent : il est même nécessaire que dans les petites Villes, & Paroisses de la campagne, il y ait année commune, plus de naissances que de morts, tant pour recruter les grandes villes, que pour réparer les ravages des guerres, des pestes, des maladies épidémiques & autres fléaux qui affligent de temps en temps le genre humain, & qui l'auroient peut-être détruit, si dans l'ordre ordinaire le nombre des naissances n'excédoit celui des morts : mais comme dans les règles de la Providence rien n'arrive au hazard, ces fléaux peuvent avoir leur utilité ; ils entretiennent peut-être le niveau entre le nombre des habitans de la terre & les productions destinées à leur subsistance, & empêchent que l'espèce humaine ne se multiplie trop & ne surcharge la surface de la terre, d'où il pourroit résulter de plus grands maux que ceux causés par les guerres, les pestes & les maladies épidémiques.

Tous les Politiques & Administrateurs des Etats ont toujours pensé, qu'un dénombrement exact des habitans d'un Royaume étoit une opération nécessaire pour les différentes parties du Gouvernement ; mais il a paru difficile dans tous les siècles de la pratiquer, tant à cause du temps & du soin qu'elle exige, que par les craintes qu'elle pourroit inspirer aux peuples, toujours prévenus contre les recherches ordonnées par le Gouvernement. Il paroît cependant possible de former un dénombrement exact, ou du moins très-approchant de la vérité des habitans de toute une province, en s'assurant de l'année commune des naissances, ce qu'on peut aisément se procurer par les regîtres déposés dans les Greffes des Justices Royales, & en fesant des dénombremens particuliers de plusieurs Paroisses de la campagne & petites Villes de cette même province. La proportion qui exifteroit entre l'année commune des naiffances des lieux dont on auroit eu les dénombremens particuliers, & le nombre des habitans de ces mêmes lieux, donneroit né-ceffairement, ou du moins d'une manière très-vraifemblable, le nombre entier des habitans de la province dont on fe feroit procuré l'année commune des naiffances.

Cette expérience a été faite dans trois provinces différentes ; on a raffemblé le nombre des naiffances, mariages & morts durant 10 ans de toutes les Villes, Bourgs & Paroiffes des Généralités d'Auvergne, de Lyon & de Rouen, dont on a compofé une année commune, & on s'eft procuré en même temps des dénombremens d'habitans comptés tête par tête d'un affez grand nombre de petites Villes, Bourgs & Paroiffes de ces trois Généralités. Cette recherche fera fuivie de différentes réflexions fur la Population de ces trois provinces, & on y joindra des recherches moins étendues, faites dans quelques autres provinces & villes du Royaume.

ÉTAT
DE LA POPULATION
DE
LA PROVINCE D'AUVERGNE
EN 1757.

AVANT de rapporter les recherches qui doivent fervir à conftater l'état de la population de la province d'Auvergne en 1757, il eft néceffaire de faire quelques obfervations.

La province d'Auvergne eft compofée de 987 Villes, Bourgs, Paroiffes & Communautés, dont les rôles d'impofition font féparés. L'Election de Saint-Flour comprend 148 Villes, Paroiffes ou Communautés; mais la recherche des naiffances n'a pu être faite que fur 121 Paroiffes, enforte qu'il y a un *deficit* de 27 Paroiffes. Pour y fuppléer, on a fuppofé que les 27 Paroiffes ont donné, durant dix ans, un nombre de naiffances proportionné à celui des 121, & qu'elles ont produit les unes dans les autres 160 naiffances, ce qui fait pour les 27, 4320, dont on a augmenté le nombre des naiffances des 121 autres Paroiffes. Cette fuppofition doit être adoptée avec d'autant plus de raifon, que par l'examen qu'on a fait du nombre des feux de ces 27 Paroiffes, on a remarqué qu'elles étoient dans un ordre

moyen, & que, prifes les unes dans les autres, elles contenoient entre elles un nombre d'habitans proportionné à celui
de l'année commune des naiffances qu'on leur a fuppofée : il n'a
pas été poffible de completter autrement la recherche des
naiffances de la Généralité d'Auvergne, dont on a formé la
premiére Table.

La recherche fur les mariages n'a pu être faite fur toutes les
Paroiffes, & c'eft par cette raifon qu'on a été obligé de former
une feconde Table du nombre des naiffances & mariages de
toutes les Paroiffes, où ces deux recherches ont eu lieu.

On ne fera point mention des morts, 1°. parce qu'on a remarqué que la plupart des Curés n'ont pas infcrits les enfans
morts avant leur premiere communion : 2°. parce qu'il fe fait
tous les ans à l'entrée de l'automne, une grande émigration des
habitans de la partie de cette province connue fous la dénomi-
nation de haute Auvergne. Ces habitans fe répandent dans toutes les provinces du Royaume, plufieurs même paffent dans les
pays étrangers pour y travailler durant l'hiver ; le plus grand
nombre revient en Auvergne aux approches du printemps, mais
quelques-uns reftans dans les pays étrangers ou dans les provinces voifines, durant quelques années, & la mort s'oppofant
au retour de quelques autres, il en réfulte que le nombre des
morts dans cette province, n'eft jamais proportionné à celui
de fes habitans, & toujours très - inférieur aux naiffances. Les
émigrations des Auvergnats reffemblent beaucoup à celles des
Savoyards, qui viennent en France y gagner leur vie, & retour-
nent dans leur pays après un certain nombre d'années.

Ire Table contenant les naiſſances de toutes les Paroiſſes de la province d'Auvergne, Election par Election, depuis & compris 1747, juſques & compris 1756, pour conſtater l'année commune des naiſſances de cette Province.

NOMBRE des Paroiſſes ou Communautés dont les rôles d'impoſitions ſont ſéparés.	ELECTIONS.	NAISSANCES durant 10 ans.
139.	RIOM.	35928.
251.	CLERMONT.	79255.
153.	ISSOIRE.	37851.
143.	BRIOUDE.	25233.
148.	SAINT-FLOUR.	23691.
58.	MAURIAC.	17292.
95.	AURILLAC.	26794.
987.	TOTAL........	246044.

Il réſulte de cette Table, qu'il y a eu durant dix ans 246044 naiſſances, ce qui fait pour l'année commune 24604.

*II.*de *Table contenant les naiſſances & mariages d'un grand nombre de Paroiſſes de la province d'Auvergne, depuis & compris 1747, juſques & compris 1756, pour ſervir à connoître combien les mariages rendent d'enfans les uns dans les autres.*

ELECTIONS.	MARIAGES durant 10 ans.	NAISSANCES durant 10 ans.
RIOM.	6769.	25225.
CLERMONT.	15112.	70127.
ISSOIRE.	8094.	37531.
BRIOUDE.	5308.	24793.
SAINT-FLOUR.	4077.	19151.
MAURIAC.	3722.	17292.
AURILLAC.	5697.	26794.
	48779.	220913.

La proportion des mariages aux naiſſances, eſt comme 16 à 72 $\frac{3}{7}$ $\frac{1}{14}$.

Après avoir conſtaté l'année commune des naiſſances, & la proportion qui exiſte entre les mariages & les naiſſances; il faut établir la proportion qui s'eſt trouvée entre le nombre des habitans comptés tête par tête, & le nombre des naiſſances durant 10 ans dans les Villes, Bourgs & Paroiſſes dont les habitans ont été comptés tête par tête.

IIIme Table repréfentant 1.° les habitans de 17 Villes,
Bourgs ou Paroiffes comptés tête par tête en 1756;
2.° le nombre des familles; 3.° les naiffances 4.° les
mariages.

NOMS des Villes, Bourgs & Paroiffes.	HABITANS.	FAMILLES.	NAISSANCES. durant 10 ans.	MARIAGES. durant 10 ans.
AURILLAC.	6201.	1138.	2927.	628.
LEZOUX.	3168.	608.	1260.	264.
VIC en Carladès.	1851.	321.	651.	134.
MAURS.	1696.	318.	560.	105.
AUBIERES.	1570.	392.	733.	158.
BOISSET.	1507.	226.	448.	111.
MONT AIGU en Combrailles.	1470.	293.	639.	117.
POLMINIAC.	1448.	236.	526.	108.
VERNINES,	1111.	249.	436.	116.
CEYRAT.	1098.	271.	498.	103.
BEAUMONT.	1059.	226.	348.	73.
ROYAT.	812.	201.	354.	81.
MAURIAC.	548.	86.	212.	48.
VITRAC.	483.	77.	149.	39.
SAINT-LAURE.	475.	92.	128.	40.
SAUSET-LE-FROID,	354.	75.	263.	58.
TISSONIERE.	177.	38.	71.	15.
TOTAL.....	25028.	4847.	10203.	2198.

Les naiffances étant au nombre de 10203 pour 10 ans, &
les mariages de 2198; l'année commune des naiffances eft de
1020, celle des mariages de 219. L'année commune des naif-
fances eft au nombre des habitans comme 1 à 24 $\frac{1}{2}$ $\frac{1}{40}$ $\frac{1}{80}$. 80
paiffances dans cette proportion repréfentent 1963 habitans. Les
mariages

mariages font aux habitans dans la proportion d'un à 114, enforte que fur 114 perfonnes de tout âge & de tout fexe, il s'en marie deux , année commune.

Les familles font compofées les unes dans les autres de cinq perfonnes $\frac{1}{8}\frac{1}{24}$, 24 familles repréfentent 124 habitans.

Au moyen de ces différentes proportions, on pourroit cal- culer le nombre des habitans de la province d'Auvergne, foit par l'année commune des naiffances, foit par celle des mariages, & enfin, par le nombre de familles ; mais on a adopté par préfé- rence, l'année commune des naiffances, parce que la recherche en eft la plus facile & la plus complette; celle des mariages manque pour quelques Paroiffes, & auroit par conféquent été infuffifante pour former un dénombrement général. Le calcul des feux auroit été incertain, parce qu'on ne peut en avoir le dénombrement, qu'en les comptant fur les rôles de taille & de capitation ; dans lefquels il n'eft pas poffible qu'il n'y ait des omiffions, & des doubles emplois.

L'année commune des naiffances, eft par conféquent la règle la plus certaine qu'on ait pu employer, pour former le dénom- brement des habitans exiftans dans la province d'Auvergne, en 1757.

On a vu que la proportion des naiffances eft aux habitans comme 1 eft à 24 $\frac{1}{2}\frac{1}{40}\frac{1}{80}$, mais on fe fervira du nombre 25, tant pour écarter les fractions, que parce que les Villes, Bourgs & Paroiffes dont les habitans ont été comptés, ne font pas les plus confidérables de la province , & que d'ailleurs plufieurs villes, telles que Clermont-Ferrand , Riom , Saint-Flour , &c. renferment des Colléges , des Séminaires, des Compagnies de Magiftrature , des Communautés nombreufes d'Eccléfiafti- ques des deux fexes , & contiennent plufieurs habitans riches qui ont à leur fuite un grand nombre de domeftiques; lefquels, ainfi que le Clergé & les Ecoliers, augmentent de

B

beaucoup le nombre des habitans, fans accroître celui des naiffances.

Les Villes, Bourgs & Paroiffes dont on a rapporté le nombre des habitans, ont été prifes au hazard & fans choix ; il y en a de prefque toutes les Elections & des différens cantons de la Province : on peut par conféquent préfumer, avec beaucoup de vraifemblance, que la proportion qui exifte entre l'année commune des naiffances, & les 25028 habitans comptés tête par tête, doit fe trouver également entre l'année commune des naiffances de toute la Province, & le total de fes habitans.

. L'année commune des naiffances de toutes les Villes, Bourgs, & Paroiffes de la province d'Auvergne eft de 24604 ; fçavoir, 23893 pour les fept Elections, & de 711 pour les villes de Clermont & Montferrand, qui ont été réunies ; le nombre des habitans des fept Elections, fuivant la règle de 25, montera à 597325 ; fuivant la même règle, les habitans de la ville de Clermont-Ferrand montent à 17775.

Dénombrement des habitans de tout âge & de tout sexe, de tout état & de toute condition de la Généralité d'Auvergne, Election par Election, suivant l'année commune des naissances, multiplié par 25.

ELECTIONS.	ANNÉE commune des naissances.	NOMBRE des habitans.
RIOM.	3593.	89825.
CLERMONT.	7214.	180325.
ISSOIRE.	3785.	94625.
BRIOUDE.	2523.	63075.
SAINT-FLOUR.	2369.	59225.
MAURIAC.	1729.	43225.
AURILLAC.	2680.	67025.
CLERMONT & MONTFERRAND, villes réunies.	711.	17775.
TOTAL....24604.		615100.

Dans les 615100 habitans sont compris les Ecclésiastiques séculiers & réguliers des deux sexes, dont le dénombrement a été fait Eglise par Eglise, Couvent par Couvent, Communauté par Communauté & Paroisse par Paroisse, & ils se sont trouvés monter en 1756 à 5224. SÇAVOIR;

ELECTIONS.	ECCLÉSIASTIQUES, mâles.	femelles.
RIOM.	479.	294.
CLERMONT.	1177.	623.
ISSOIRE.	324.	250.
BRIOUDE.	371.	261.
SAINT-FLOUR.	420.	140.
MAURIAC.	187.	68.
AURILLAC.	471.	159.
TOTAL..... 3429.		1795.

Le nombre total des habitans étant de 615100, & celui des Ecclésiastiques de 5224, il en résulte qu'ils font la 117ᵉ partie des habitans.

La Généralité d'Auvergne est composée de 987 Villes, Bourgs, Paroisses & Communautés; elles contiennent les unes dans les autres 623 habitans.

Un dénombrement, qui ne représenteroit que le nombre total des habitans d'une province, laisseroit bien des choses à desirer sur une matière dans laquelle on ne sçauroit avoir trop de détail; c'est pour se procurer les proportions qui existent entre les mâles & les femelles & les habitans de différens âges, & par-là acquérir le plus de connoissance possible sur la population, qu'on a composé un modèle de dénombrement, sur lequel ont été faits ceux rapportés ci-dessus, à l'exception de celui d'Aurillac, où les habitans ne sont distingués que par mâles & femelles: les autres représentent séparément,

1°. Les hommes mariés ou veufs.

2°. Les femmes mariées ou veuves.

3°. Les garçons au-dessus de 14 ans.

4°. Les garçons de 14 ans & au-dessous.

5°. Les filles au-dessus de 14 ans.

6°. Les filles de 14 ans & au-dessous.

7°. Les domestiques mâles.

8°. Les domestiques femelles.

Le résultat des dénombremens tels qu'ils ont été faits dans chaque Ville, Bourg ou Paroisse a donné lieu de former sur les mêmes proportions un dénombrement général de toute la province. *Voyez* la page 16.

Dénombremens de seize petites Villes, Bourgs & Paroisses de la province d'Auvergne, où les habitans sont distingués par sexe & par âge, & tels qu'ils se sont trouvés exister lorsqu'ils ont été comptés tête par tête en 1756.

Noms des Villes, Bourgs & Paroisses.	Hommes mariés ou veufs.	Femmes mariées ou veuves.	Garçons au-dessus de 14 ans.	Garçons de 14 ans & au-dessous.	Filles au-dessus de 14 ans.	Filles de 14 ans & au-dessous.	Domestiq. mâles.	Domestiq. femelles.	TOTAL.
LEZOUX.	608	699	252	549	272	512	138	138	3168
VIC, en Carladès.	328	369	164	313	171	280	112	114	1851
MAURS.	305	337	236	214	243	223	44	94	1696
AUBIERE.	370	400	179	240	142	216	17	6	1570
BOISSET.	278	271	154	227	171	215	95	96	1507
MONT AIGU en Combrailles.	265	327	127	222	130	266	44	89	1470
POLMINIAC.	250	284	158	233	167	198	92	56	1448
VERNINES.	210	217	98	200	91	168	87	40	1111
CEYRAT.	259	286	67	207	80	171	26	1	1098
BEAUMONT.	249	285	88	155	98	147	22	15	1059
ROYAT.	185	214	80	106	71	115	28	13	812
MAURIAC.	115	121	43	87	44	103	23	12	548
VITRAC.	88	93	53	92	47	72	24	14	483
SAINT-LAURE.	94	99	38	72	51	66	41	14	475
SAUSET-LE-FROID.	70	67	30	48	28	74	20	17	354
TISSONIERE.	47	43	9	16	3	45	10	4	177
TOTAL...	3731	4112	1776	2981	1809	2872	823	743	18827

Il résulte de ce Dénombrement que sur 18827 habitans il y a

3731 hommes mariés ou veufs.

1776 garçons au-dessus de 14 ans.

2981 garçons de 14 ans & au-dessous.

823 domestiques mâles.

Ce qui fait 9311 mâles.

4112 femmes mariées ou veuves.

1809 filles au-deffus de 14 ans.

2872 filles de 14 ans & au-deffous.

 723 domeftiques femelles.

Ce qui fait 9516 femelles.

PREMIÈRE PROPORTION.

Les mâles de tout âge font aux femelles de tout âge, comme 45 $\frac{1}{3}$ $\frac{1}{12}$ à 46 $\frac{1}{3}$ $\frac{1}{12}$.

Il y a par conféquent 545 mâles pour 557 femelles.

SECONDE PROPORTION.

Les enfans des deux fexes de 14 ans & au-deffous étant au nombre de 5853, ils font au total des habitans dans la proportion de 1 à 3 $\frac{1}{5}$ $\frac{1}{60}$, ce qui fait un peu moins du tiers.

Mais comme il n'y a pas de petites Villes, Bourgs & Paroiffes où il n'y ait des perfonnes affez riches pour faire élever leurs enfans dans les Colléges & les Couvens des principales Villes; ces enfans étant abfens, & n'ayant pas été compris dans ces Dénombremens, ils y forment un vuide, & c'eft par cette raifon que cette claffe d'habitans fe trouve ici un peu au-deffous du tiers, nombre auquel elle pourroit être portée.

TROISIÈME PROPORTION.

Les mâles font au total des habitans,

SÇAVOIR;

Les hommes mariés ou veufs comme 1 à 5 $\frac{1}{25}$ $\frac{1}{125}$; fur 631 habitans, il y a 125 hommes mariés ou veufs.

Les garçons au-deffus de 14 ans, comme 1 à 10 $\frac{1}{2}$ $\frac{1}{16}$ $\frac{1}{32}$ $\frac{1}{128}$; fur 1357 habitans, il y a 128 garçons au-deffus de 14 ans.

Les garçons de 14 ans & au-deffous, comme 1 à 6 $\frac{1}{4}$ $\frac{1}{40}$ $\frac{1}{60}$;

fur 379 habitans, il y a 60 garçons de 14 ans & au-deſſous.

Les domeſtiques mâles, comme 1 à 22 $\frac{1}{2}$ $\frac{1}{4}$ $\frac{1}{8}$; fur 183 habitans, il y a 8 domeſtiques mâles.

QUATRIÈME PROPORTION.

Les femelles ſont au total des habitans,

SÇAVOIR;

Les femmes mariées ou veuves, comme 1 à 4 $\frac{1}{2}$ $\frac{1}{16}$ $\frac{1}{64}$; fur 293 habitans, il y a 64 femmes mariées ou veuves.

Les filles au-deſſus de 14 ans, comme 1 à 10 $\frac{1}{4}$ $\frac{1}{8}$ $\frac{1}{32}$; fur 333 habitans, il y a 32 filles au-deſſus de 14 ans.

Les filles de 14 ans & au-deſſous, comme 1 à 6 $\frac{1}{2}$ $\frac{1}{20}$ $\frac{1}{200}$; fur 1311 habitans, il y a 200 filles de 14 ans & au-deſſous.

Les domeſtiques femelles comme 1 à 26 $\frac{1}{30}$; fur 781 habitans, il y a 30 domeſtiques femelles.

Dénombrement des habitans de la province d'Au-
vergne, distingués par sexe & par âge ; tiré
des proportions précédentes.

ON a vu, *page 11*, que l'année commune des habitans de
toute la Généralité d'Auvergne étoit de 24604, qui, multipliée par 25, donne 615100 habitans de tout sexe & de
tout âge ; ces 615100 habitans doivent être divisés dans les
proportions suivantes.

Hommes mariés ou veufs,	120815	
Garçons au-dessus de 14 ans,	57526	
Garçons de 14 ans & au-dessous,	96550	304981 habitans mâles.
Domestiques mâles,	26661	
Ecclésiastiques mâles,	3429	

Femmes mariées ou veuves,	133218	
Filles au-dessus de 14 ans,	58600	
Filles de 14 ans & au-dessous,	93039	310078 habitans femelles.
Domestiques femelles,	23426	
Ecclésiastiques femelles,	1795	

TOTAL des habitans............615059.

On peut conclure de ce dénombrement que sur 615059
habitans, il y a

254033 hommes & femmes mariés ou veufs,
116126 garçons & filles au-dessus de 14 ans,
189589 garçons & filles de 14 ans & au-dessous,
50087 domestiques des deux sexes,
5224 Ecclésiastiques des deux sexes.

615059.

ÉTAT

ÉTAT

DE LA POPULATION

DE

LA PROVINCE D'AUVERGNE

En 1700, en 1710, en 1720, en 1730.

LES calculs qui ont été faits sur l'année commune des naissances de la Généralité d'Auvergne depuis 1747 jusques & compris 1756, constatent l'état de la population de cette province en 1757 de la manière la plus vraisemblable. Les recherches qui ont été faites sur les Registres des Baptêmes, Mariages & Morts, peuvent conduire à décider la question si souvent agitée; c'est-à-dire, si le nombre des habitans y est diminué, ou si au contraire il s'y est accrû depuis le commencement de ce siècle; & si les mariages d'aujourd'hui sont aussi féconds que ceux d'autrefois.

Pour parvenir à ces deux connoissances importantes, on a rassemblé sur un grand nombre de petites Villes, Bourgs & Paroisses de la campagne, prises au hazard dans les Elections de cette Généralité, & dont les Registres se sont trouvés en règle, le nombre des naissances & mariages qui y ont été inscrits depuis 1690 jusqu'en 1700, depuis 1700 jusqu'en 1710, depuis 1710 jusqu'en 1720, & depuis 1720 jusqu'en 1730, & on en a fait la comparaison avec le nombre des naissances &

C

mariages infcrits fur ces mêmes Regiftres depuis 1747 jufqu'en 1757. Le réfultat de ces quatre comparaifons donnera la preuve de l'augmentation ou de la diminution de la population.

I.re Comparaifon des naiffances & mariages depuis 1690 jufques & compris 1699, avec les baptê-mes & mariages de 1747 jufques & compris 1756, pour fervir à connoître l'état de la population dans ces deux époques.

ELECTIONS	NAISSANCES		MARIAGES	
& nombre des Paroiffes.	de 1690 à 1700	de 1747 à 1757	de 1690 à 1700	de 1747 à 1757
CLERMONT, 80 Paroiffes, y compris les villes de Clermont-Ferrand.	32372	39814	7613	8710
RIOM, 26 Paroiffes.	11235	12415	2629	2674
SAINT-FLOUR, 12 Paroiffes.	3630	3996	641	810
AURILLAC, 44 Paroiffes.	9577	12709	2067	2729
TOTAL....	56814	68934	12950	14923

Il réfulte de cette première comparaifon, que les naiffances de 1747 à 1757 font fupérieures à celles de 1690 à 1700 de 12120 ; ce qui eft au total des naiffances comme 1 à 4 $\frac{1}{2}$: $\frac{1}{48}$; & dans la proportion de 225 à 273. Les mariages font mariages inscrits sur ces mêmes Registres depuis 1747 jusqu'en 1757. Le résultat de ces quatre comparaisons donnera la preuve de l'augmentation ou de la diminution de la population.

Ire *Comparaison des naissances & mariages depuis 1690 jusques & compris 1699, avec les baptêmes & mariages de 1747 jusques & compris 1756, pour servir à connoître l'état de la population dans ces deux époques.*

ELECTIONS & nombre des Paroisses.	NAISSANCES		MARIAGES	
	de 1690 à 1700	de 1747 à 1757	de 1690 à 1700	de 1747 à 1757
CLERMONT, 80 Paroisses, y compris les villes de Clermont-Ferrand.	32372	39814	7613	8710
RIOM, 26 Paroisses.	11235	12415	2629	2674
SAINT-FLOUR, 12 Paroisses.	3630	3996	641	810
AURILLAC, 44 Paroisses.	9577	12709	2067	2729
TOTAL....	56814	68934	12950	14923

Il résulte de cette première comparaison, que les naissances de 1747 à 1757 sont supérieures à celles de 1690 à 1700 de 12120 ; ce qui est au total des naissances comme 1 à 4 $\frac{1}{2}$ $\frac{1}{6}$ $\frac{1}{48}$; & dans la proportion de 225 à 273. Les mariages sont

IIIme Comparaifon des naiſſances & mariages depuis 1710 juſques & compris 1719, avec les naiſſances & mariages de 1747 juſques & compris 1756, pour ſervir à connoître l'état de la population dans ces deux époques.

ELECTIONS & nombre des Paroiſſes.	NAISSANCES		MARIAGES	
	de 1710 à 1720	de 1747 à 1757	de 1710 à 1720	de 1747 à 1757
BRIOUDE. 119 Paroiſſes,	17953	20611	3852	4390

Les naiſſances de 1747 à 1757 ſurpaſſent celles de 1710 à 1720 de 2658, ce qui eſt comme 1 à 6 $\frac{1}{2}\frac{1}{4}$, & dans la proportion de 27 à 31.

Les mariages ſont augmentés de 538, ce qui eſt comme 1 à 7 $\frac{1}{6}$, & dans la proportion de 43 à 49.

Les mariages de 1710 à 1720 ſont aux naiſſances comme 16 à 74 $\frac{1}{127}$.

Les mariages de 1747 à 1757 ſont aux naiſſances comme 16 à 75 $\frac{1}{626}$, & ont par conſéquent été plus féconds que ceux de 1710 à 1720.

IVme Comparaifon des naiffances & mariages depuis 1720 jufques & compris 1729, avec les naiffances de 1747 jufques & compris 1756, pour fervir à connoître l'état de la population dans ces deux époques.

ELECTIONS & nombre des Paroiffes.	NAISSANCES		MARIAGES.	
	de 1720 à 1730	de 1747 à 1757	de 1720 à 1730	de 1747 à 1757
ISSOIRE, 61 Paroiffes.	21258	23047	4866	4873

Les naiffances de 1747 à 1757 font fupérieures à celles de 1720 à 1730 de 1789, ce qui eft comme 1 à 11 $\frac{1}{2}\frac{1}{4}\frac{1}{8}$, & dans la proportion de 95 à 103.

Les mariages font égaux dans ces deux époques.

Les mariages de 1720 à 1730 font aux naiffances comme 16 à 69 $\frac{1}{77}$.

Les mariages de 1747 à 1757 font aux naiffances comme 16 à 75 $\frac{1}{112}$, & ont par conféquent été beaucoup plus féconds que ceux de 1720 à 1730.

Il réfulte de ces quatre comparaifons, la preuve la plus complette, que la population de la province d'Auvergne eft augmentée progreffivement depuis la fin du dernier fiècle; que nonfeulement le nombre des naiffances s'eft accrû, mais que les mariages font préfentement plus féconds qu'ils ne l'ont été depuis 60 ans; ce qui répond de la manière la plus convainquante, à tout ce qui a été écrit fur la dépopulation du

Royaume, dont la province d'Auvergne a du moins été exempte.
La fécondité des mariages prouve aussi que la débauche & le
libertinage ne sont pas plus communs qu'autrefois, & que la
Nature n'a rien perdu de ses droits.

ÉTAT

DE LA POPULATION

DE

LA GÉNÉRALITÉ DE LYON

EN 1759.

POUR parvenir à la connoiffance de la population de la Généralité de Lyon, on a fait les mêmes recherches dont on s'étoit occupé pour conftater la population de la province d'Auvergne.

La recherche du nombre des naiffances eft complette pour toutes les Villes & Paroiffes de la Généralité de Lyon ; on en trouvera le réfultat dans la première Table : par rapport aux mariages, la recherche n'eft pas tout-à-fait entière, & c'eft par cette raifon, qu'on a formé une feconde Table des mariages & des naiffances des Paroiffes où ces deux recherches ont été faites.

On ne fera point mention des morts, parce qu'on a remarqué, comme en Auvergne, que la plupart des Curés n'ont pas inscrit sur leurs Registres mortuaires, les enfants morts avant leur première communion.

On se propose, attendu l'importance de la ville de Lyon, de traiter séparément la population de cette grande Ville.

I.re Table contenant les naissances de la Généralité de Lyon, sans y comprendre la Ville, depuis 1749 jusques & compris 1758, pour constater l'année commune des naissances de cette Province.

NOMBRE des Paroisses ou Communautés dont les rôles sont séparés.	ELECTIONS.	NAISSANCES durant 10 ans.
149	LYON.	28395
133	VILLEFRANCHE.	35469
141	ROANNE.	34406
122	SAINT-ETIENNE.	41494
204	MONTBRISON.	37647
11	LE FRANC-LYONNOIS.	2346
751		179757

Les naissances étant au nombre de 179757 pour 10 ans, l'année commune est de 17975.

II.de

II.^{de} Table , contenant les mariages & naiſſances de preſque toutes les Paroiſſes de la Généralité de Lyon, depuis 1749, juſques & compris 1758, pour ſervir à connoître combien les mariages rendent d'enfans les uns dans les autres.

ELECTIONS.	MARIAGES, durant 10 ans.	NAISSANCES, durant 10 ans.
LYON.	5990	28355
VILLEFRANCHE,	7354	35399
ROANNE.	7170	34158
SAINT-ETIENNE,	8208	41494
MONTBRISON.	8597	37012
LE FRANC-LYONNOIS.	514	2346
	37833	178764

La proportion des mariages aux naiſſances, eſt comme 16 à 75.

D

IIIme Table, contenant 1.° le nombre des habitans comptés tête par tête dans 26 petites Villes , Bourgs ou Paroisses en 1759 ; 2.° le nombre des familles existantes ; 3.° le nombre des naissances durant 10 ans ; 4.° enfin le nombre des mariages qui ont été faits durant le même espace de temps.

NOMS des Villes, Bourgs & Paroisses.	HABITANS.	FAMILLES.	NAISSANCES	MARIAGES.
La Ville de MONTBRISON.	4788	1045	1945	436
S. SIMPHORIEN-LE CHATEAU.	1331	314	519	101
SAINT-GENEST L'ERP. & ROCHE-LA-MOLIÈRE.	1157	247	526	116
SAINT-HAON-LE-VIEIL.	1201	204	448	83
SAINTE-FOI.	1190	297	499	106
SAVIGNY.	906	193	389	63
BULLY.	791	160	255	54
GRIGNY.	752	170	315	66
CHAMPDIEU.	706	143	279	69
COLONGE.	689	127	281	54
L'ARBRESLE.	647	139	283	45
MABLY.	541	103	323	79
FRANCHEVILLE.	528	110	212	41
TALUYER.	506	118	203	40
FLEURIEUX-EVEUX.	462	87	194	36
LIMAS & CHERVINGES.	453	87	203	43
SAINT-PRIEST, en Roussel.	441	81	148	46
GRÉSIEUX-LE-MARCHÉ.	391	85	204	37
SAINT-BEL.	384	82	237	49
POLEYMIEUX.	353	73	142	37
VILLERAIS.	320	63	149	31
CURIS.	294	63	120	23
EMERINGES.	278	47	182	40
LISSIEUX.	276	53	90	28
CHAMPS.	91	18	82	29
CELLES & L'OLME.	57	11	36	19
TOTAL......	19623	4120	8264	1771

Les naiffances pour 10 ans, étant au nombre de 8264, & les mariages de 1771,

L'année commune des naiffances eft de 826 $\frac{4}{10}$, & celle des mariages de 177 $\frac{1}{10}$.

La proportion de l'année commune des naiffances aux habitans, eft comme 1 à 23 $\frac{3}{4}$; 4 naiffances repréfentent 95 habitans.

Les mariages comme 1 à 111; fur 111 perfonnes de tout âge & de tout fexe, il s'en marie 2 année commune.

Les familles font compofées de 4 perfonnes $\frac{3}{4}$ $\frac{1}{80}$.

80 familles repréfentent 381 habitans.

Le nombre proportionnel entre les naiffances & le nombre des habitans, eft de 23 $\frac{3}{4}$; mais comme les Dénombremens dont on a tiré cette proportion ne font pas ceux des Villes & Paroiffes les plus confidérables de la Généralité de Lyon; & que d'ailleurs on veut écarter toute fraction, on fe fervira du nombre 24 pour former le dénombrement général des habitans des cinq Elections & du Franc-Lyonnois.

Dénombrement des habitans de tout âge & de tout sexe, de tout état & de toute condition des cinq Elections & du Franc-Lyonnois, suivant l'année commune des naiſſances, multiplié par 24.

ELECTIONS.	ANNÉE commune des naiſſances.	HABITANS.
LYON.	2839.	68136.
VILLEFRANCHE.	3547.	85128.
ROANNE.	3441.	82584.
SAINT-ETIENNE.	4149.	99576.
MONTBRISON.	3765.	90360.
LE FRANC-LYONNOIS.	234.	5616.
TOTAL....	17975.	431400.

Dans ces 431400 habitans ſont compris les Eccléſiaſtiques des deux ſexes ſéculiers & réguliers, dont le dénombrement a été fait Egliſe par Egliſe, Couvent par Couvent, Communauté par Communauté & Paroiſſe par Paroiſſe, & ils ſe ſont trouvés monter en 1759, ſans y comprendre ceux de la ville de Lyon, à 2560.

ELECTIONS.	SÇAVOIR; ECCLÉSIASTIQUES,	
	mâles.	femelles.
LYON.	184.	43.
VILLEFRANCHE.	215.	120.
ROANNE.	266.	189.
SAINT-ETIENNE.	343.	395.
MONTBRISON.	355.	438.
FRANC-LYONNOIS.	12.	0.
TOTAL.....	1375.	1185.

Le nombre des habitans étant de 431400, & celui des Eccléfiaftiques de 2560, il en réfulte que fur 169 habitans, il y a un Eccléfiaftique.

La Généralité de Lyon, fans y comprendre la Ville, eft compofée de 751 Villes, Bourgs, Paroiffes ou Communautés; qui contiennent les unes dans les autres 574 perfonnes.

Dénombremens de vingt-six petites Villes, Bourgs & Paroisses de la Généralité de Lyon, où les habitans sont divisés par sexe & par âge, & tels qu'ils se sont trouvés lorsqu'ils ont été comptés tête par tête en 1759.

Noms des Villes, Bourgs & Paroisses.	Hommes mariés ou veufs.	Femmes mariées ou veuves.	Garçons au-dessus de 14 ans.	Garçons de 14 ans & au-dessous.	Filles au-dessus de 14 ans.	Filles de 14 ans & au-dessous.	Domestiq. mâles.	Domestiq. femelles.	Total des habitans.
MONTBRISON.	853	1108	514	632	581	642	117	343	4788
S.t SIMPHORIEN-LE-CHAT.	242	270	113	211	188	220	27	50	1321
S.t GENEST l'ERP. & R.	227	260	95	221	118	267	43	26	1257
S.t HAON-LE-VIEIL.	232	225	128	206	103	166	76	65	1201
SAINTE-FOI.	272	301	87	166	76	177	63	48	1190
SAVIGNY.	190	216	74	131	79	141	36	39	906
BULLY.	160	167	89	144	57	94	41	41	791
GRIGNY.	165	183	52	144	48	103	33	24	752
CHAMPDIEU.	155	171	25	121	20	104	50	60	706
COLONGE.	137	161	63	101	51	87	47	42	689
L'ARBRESLE.	141	149	45	109	47	102	29	25	647
MABLY.	129	140	58	99	43	29	25	18	541
FRANCHEVILLE.	113	113	16	96	28	26	36	30	528
TALUYER.	110	122	33	83	32	84	25	19	506
FLEURIEUX & EVEUX.	80	85	58	79	41	63	29	27	462
LIMAS & CHERVINGES.	79	86	32	86	21	93	24	32	453
S.t PRIEST en Roussel.	83	97	18	75	23	99	16	29	441
GRESIEUX-LE-MARCHÉ.	85	76	41	58	47	61	9	19	391
SAINT-BEL.	78	85	20	77	18	72	16	18	384
POLEYMIEUX.	74	83	24	87	10	56	10	9	353
VILLERAIS.	68	73	11	63	19	61	12	13	320
CURIS.	57	61	19	63	15	51	17	11	294
EMERINGES.	48	49	19	61	18	61	5	17	278
LISSIEUX.	53	55	23	30	12	46	32	26	276
CHAMPS.	15	16	1	10	1	13	19	16	91
CELLES & L'OLME.	11	10	2	10	2	12	5	5	57
	3856	4362	1659	3163	1693	2996	842	1052	19623

Il résulte de ce Dénombrement que sur 19623 habitans il y a

3856 hommes mariés ou veufs.
1659 garçons au-deſſus de 14 ans.
3163 garçons de 14 ans & au-deſſous,
 842 domeſtiques mâles.

Ce qui fait 9520 mâles.

4362 femmes mariées ou veuves.
1693 filles au-deſſus de 14 ans.
2996 filles de 14 ans & au-deſſous.
1052 domeſtiques femelles.

Ce qui fait 10103 femelles.

PREMIÈRE PROPORTION.

Les mâles de tout âge ſont aux femelles de tout âge, comme 16 $\frac{1}{7}$ à 17 $\frac{1}{3}$, & dans la proportion de 49 à 52.

SECONDE PROPORTION.

Les enfans des deux ſexes de 14 ans & au-deſſous ſont au nombre de 6159, & au total des habitans comme 1 à 3 $\frac{1}{5}$ $\frac{1}{60}$, ce qui eſt moins du tiers.

TROISIÈME PROPORTION.

Les mâles ſont au total des habitans,

SÇAVOIR;

Les hommes mariés ou veufs, comme 1 à 5 $\frac{1}{11}$; ſur 56 habitans, il y a 11 hommes mariés ou veufs.

Les garçons au-deſſus de 14 ans, comme 1 à 11 $\frac{1}{2}$ $\frac{1}{4}$ $\frac{1}{16}$ $\frac{1}{48}$; ſur 568 habitans, il y a 48 garçons au-deſſus de 14 ans.

Les garçons de 14 ans & au-deſſous, comme 1 à 6 $\frac{1}{5}$; ſur 31 habitans, il y a 5 garçons de 14 ans & au-deſſous.

Les domeſtiques mâles, comme 1 à 23 $\frac{1}{4}$ $\frac{1}{16}$; ſur 373 habitans, il y a 16 domeſtiques mâles.

QUATRIÈME PROPORTION,

Les femelles font au total des habitans,

SÇAVOIR;

Les femmes mariées ou veuves, comme 1 à $4\frac{1}{2}$; fur 9 habitans, il y a 2 femmes mariées ou veuves.

Les filles au-deffus de 14 ans, comme 1 à $11\frac{1}{2}\frac{1}{12}$; fur 139 habitans, il y a 12 filles au-deffus de 14 ans.

Les filles de 14 ans & au-deffous, comme 1 à $6\frac{1}{2}\frac{1}{20}$; fur 131 habitans, il y a 20 filles de 14 ans & au-deffous.

Les domeftiques femelles, comme 1 à $18\frac{1}{2}\frac{1}{10}\frac{1}{20}$; fur 373 habitans, il y a 20 domeftiques femelles.

Dénombrement

Dénombrement des habitans des cinq Elections de la Généralité de Lyon & du Franc - Lyonnois, où les habitans font diftingués par fexe & par âge ; & divifés en dix claffes.

ON a vu, *page 24*, que l'année commune des naiffances de toute la Généralité de Lyon, fans y comprendre la Ville, étoit de 17975, qui, multipliée par 24, donne 431400 habitans de tout fexe & de tout âge; ces 431400 habitans doivent être divifés dans les proportions fuivantes.

Hommes mariés ou veufs,	84238	
Garçons au-deffus de 14 ans,	36240	
Garçons de 14 ans & au-deffous,	69168	209417 mâles.
Domeftiques mâles,	18396	
Eccléfiaftiques mâles,	1375	

Femmes mariées ou veuves,	95298	
Filles au-deffus de 14 ans,	37022	
Filles de 14 ans & au-deffous,	65472	221971 femelles.
Domeftiques femelles,	22994	
Eccléfiaftiques femelles,	1185	

TOTAL des habitans des cinq Elections & du Franc-Lyonnois, ... 431388,

Il réfulte de ce Dénombrement que fur 431388 habitans, il y a

179536 perfonnes mariées ou veuves.

73262 garçons & filles au-deffus de 14 ans.

134640 enfans de 14 ans & au-deffous.

41390 domeftiques.

2560 eccléfiaftiques.

431388.

E

ÉTAT

DE LA POPULATION

DES CINQ ÉLECTIONS

D E

LA GÉNÉRALITÉ DE LYON

E T

DU FRANC-LYONNOIS

EN 1700, 1710, 1720, 1730.

POUR conſtater ſi la population des cinq Élections de la Généralité de Lyon, & du petit pays connu ſous le nom du FRANC-LYONNOIS, eſt augmentée ou diminuée, ſi les mariages ſont plus ou moins féconds qu'autrefois, on va ſuivre le même plan ſur lequel on a procédé pour la province d'Auvergne.

I.re Comparaison des naissances & mariages d'un grand nombre de Paroisses des cinq Elections de la Généralité de Lyon & du Franc-Lyonnois, depuis 1690 jusques & compris 1699, avec les naissances & mariages de 1749 jusques & compris 1758 ; pour servir à connoître l'état de la population dans ces deux époques.

ELECTIONS & nombre des Paroisses.	NAISSANCES		MARIAGES	
	de 1690 à 1700	de 1749 à 1759	de 1690 à 1700	de 1749 à 1759
LYON & le FRANC-LYONNOIS; 58 Paroisses.	14786	16475	3325	3449
MONTBRISON, 75 Paroisses.	20442	23651	4499	5493
TOTAL....	35228	40126	7824	8942

Les naissances de 1749 à 1759 font supérieures à celles de 1690 à 1700 de 4898 ; ce qui fait une augmentation d'un 7.e $\frac{1}{5}$ $\frac{1}{42}$; & dans la proportion de 302 à 344.

Les mariages font augmentés de 1118 , ce qui fait un 7.e ; & dans la proportion de 7 à 8.

Les mariages de 1690 à 1700 font aux naissances comme 16 à 72.

E ij

Les mariages de 1749 à 1759 font aux naiffances comme 16 à 71 $\frac{1}{78}$.

Les mariages de la feconde époque ont par conféquent été un peu moins féconds.

II.^{de} Comparaifon des naiffances & mariages de 1701 à 1711, avec les naiffances & mariages de 1749 à 1759 ; pour fervir à connoître l'état de la population dans ces deux époques.

ELECTIONS	NAISSANCES		MARIAGES	
& nombre des Paroiffes.	de 1701 à 1711	de 1749 à 1759	de 1701 à 1711	de 1749 à 1759
VILLEFRANCHE, 118 Paroiffes.	25318	32014	5360	6663

Les naiffances de 1749 à 1759 font fupérieures à celles de 1701 à 1711 de 6696; ce qui fait une augmention d'un tiers $\frac{1}{2}$ $\frac{1}{4}$ $\frac{1}{32}$; & dans la proportion de 121 à 153.

Les mariages font augmentés de 1303, ce qui fait $\frac{1}{4}$ $\frac{1}{9}$, & dans la proportion de 37 à 46.

Les mariages de 1701 à 1711 font aux naiffances comme 16 à 75 $\frac{1}{131}$.

Les mariages de 1749 à 1759 font aux naiffances comme 16 à 76 $\frac{1}{87}$.

Les mariages de la feconde époque ont par conféquent été plus féconds.

III.me Comparaifon des naiffances & mariages de 1710 à 1720, avec les naiffances & mariages de 1749 à 1759, pour fervir à connoître l'état de la population dans ces deux époques.

ELECTIONS & nombre des Paroiffes.	NAISSANCES		MARIAGES	
	de 1710 à 1720	de 1749 à 1759	de 1710 à 1720	de 1749 à 1759
S.ʳ ETIENNE, 72 Paroiffes.	30380	40145	6660	7861

Les naiffances de 1749 à 1759 font fupérieures à celles de 1710 à 1720 de 9765, ce qui fait une augmentation d'un tiers $\frac{1}{9}$, & dans la proportion de 28 à 37.

Les mariages font augmentés de 1201, ce qui fait $\frac{1}{5}$ $\frac{1}{2}$ $\frac{1}{20}$; & dans la proportion de 111 à 131.

Les mariages de 1710 à 1720 font aux naiffances comme 16 à 72 $\frac{1}{77}$.

Les mariages de 1749 à 1759 font aux naiffances comme 16 à 81 $\frac{1}{115}$.

Les mariages de la feconde époque font par conféquent les plus féconds.

IVme Comparaiſon des naiſſances & mariages de 1720. à 1730, avec les naiſſances & mariages de 1749 à 1759, pour ſervir à connoître l'état de la population dans ces deux époques.

ELECTIONS & nombre des Paroiſſes.	NAISSANCES		MARIAGES.	
	de 1720 à 1730	de 1749 à 1759	de 1720 à 1730	de 1749 à 1759
ROANNE, 109 Paroiſſes.	26532	30968	6149	6554

Les naiſſances de 1749 à 1759 ſont ſupérieures à celles de 1720 à 1730 de 4430, ce qui fait une augmentation d'un $\frac{1}{3} \frac{1}{2} \frac{1}{4} \frac{1}{8}$ $\frac{1}{16} \frac{1}{32} \frac{1}{64}$, & dans la proportion de 379 à 443.

Les mariages ſont augmentés de 405, ce qui fait $\frac{1}{15}$ & $\frac{r}{3}$, & dans la proportion de 76 à 81.

Les mariages de 1720 à 1730 ſont aux naiſſances comme 16 à 69.

Les mariages de 1749 à 1759 ſont aux naiſſances comme 16 à 75 $\frac{1}{125}$.

Les mariages de la ſeconde époque ſont par conſéquent les plus féconds.

Il réſulte de ces quatre comparaiſons, que la population de la Généralité de Lyon eſt augmentée progreſſivement depuis 1700; & qu'on ne peut pas lui appliquer ce qui a été écrit ſur la dépopulation du Royaume.

ÉTAT

DE LA POPULATION

DE LA VILLE DE LYON

ET

DE SES FAUXBOURGS

EN 1762.

POUR déterminer le nombre des habitans de la ville de Lyon & de ses fauxbourgs, on se servira des mêmes principes qu'on a employé pour calculer le nombre des habitans de la Généralité de Lyon : mais comme les grandes Villes renferment dans leurs murs des ordres de citoyens qui ne se trouvent pas dans les petites Villes & Paroisses de la campagne, tels que les Corps ecclésiastiques des deux sexes, les Séminaires, les Hôpitaux, les Colléges, & un grand nombre de domestiques de tout genre attachés au service des personnes riches; & comme ces différentes classes de citoyens vivent dans le célibat, & ne contribuent pas au renouvellement de la population, il est nécessaire, pour y suppléer & pour calculer le nombre des habitans des grandes Villes, d'en multiplier l'année commune des naissances par un nombre plus fort que dans les petites Villes & Paroiffes de la campagne. Par les différentes recherches qu'on a faites, & les connoiffances qu'on s'eft procuré fur la population des grandes Villes, on croit s'être affuré que la proportion la plus approchante de celle qui exifte réellement entre l'année commune des naiffances & le nombre des habitans des grandes Villes telles que celle de Lyon, eft de 1 à 28 ; & c'eft en conféquence qu'on a adopté le nombre proportionnel 28, pour déterminer par l'année commune des naiffances, le nombre des habitans exiftans en 1762 dans la ville Lyon.

Indépendamment des baptêmes faits dans les Paroiffes de la ville de Lyon, il s'en fait à l'Hôtel-Dieu de cette Ville, tant des Enfans-trouvés que des enfans des femmes & filles qui font leurs couches dans cet Hôpital. On ne comprendra point ces baptêmes dans la Table des naiffances de la ville de Lyon ; 1.º parce qu'il eft à préfumer qu'une partie des enfans-trouvés ont été baptifés dans la Paroiffe où ils font nés ; & que le baptême qui leur eft adminiftré à l'Hôtel Dieu formeroit, dans ce cas, un double emploi : d'ailleurs ces enfans-trouvés ne font pas tous de la Ville, un grand nombre eft apporté des petites Villes & Paroiffes voifines. 2.º Les femmes & filles qui accouchent à l'Hôtel-Dieu font en partie étrangères à la ville de Lyon ; non-feulement il en vient de toutes les parties de la province, mais même des provinces voifines, & les unes & les autres y font reçues fans difficultés.

Table

Table des naiſſances & mariages de la ville & faux-
bourgs de Lyon, depuis & compris 1752, juſques
& compris 1761, pour ſervir à conſtater l'état de
la population de cette Ville en 1762.

NOMS DES PAROISSES.	NAISSANCES de 1752 à 1762.	MARIAGES de 1752 à 1762
SAINT-NIZIER.	15824.	3755
SAINT-PIERRE.	6018.	1540
SAINT-PAUL.	4804.	919
LA PLATIÈRE.	3094.	1027
SAINT-MARTIN D'AINAY.	2431.	782
SAINT-GEORGE.	1903.	408
SAINT-VINCENT.	1882.	518
SAINTE-CROIX.	1542.	494
LA GUILLOTIÈRE.	1471.	237.
SAINT-PIERRE-LE-VIEUX.	794.	202
SAINT-JUST.	760.	179
SAINT-IRÉNÉE.	406.	79
VAIZE.	379.	105
FOURVIÈRES.	64.	38
	41372	10283

Il réſulte de cette Table que l'année commune des naiſſances de la ville de Lyon & de ſes fauxbourgs eſt de 4137,
& celle des mariages de. . . . . 1028.

On n'a pas compris ici les morts de la ville de Lyon ; on
les trouvera dans la Table de comparaiſon qui ſervira à conſtater l'augmentation ou la diminution de la population de la
ville de Lyon depuis le commencement de ce ſiècle.

F

En multipliant l'année commune des naissances par le nombre proportionnel 28 qu'on a adopté pour les grandes Villes, on trouve que les habitans de la ville de Lyon & de ses fauxbourgs montoient en 1762 à 115836.

Les mariages font aux naissances dans la proportion de 16 à 64 ¼ : 48 mariages dans cette proportion ont donné 193 enfans.

Les habitans de la ville de Lyon & de ses fauxbourgs étant supposés au nombre de 115836, & les mariages de 1028, la proportion entre les mariages & les habitans, est comme 1 à 111 ; sur 111 personnes des deux sexes & de tout âge, il se fait un mariage année commune.

On a compté les cottes de Capitation de la ville de Lyon, lesquelles représentent d'une manière assez exacte le nombre de feux ou familles qu'elle renferme ; elles se sont trouvées monter à environ 22000, d'où il résulte que les familles étoient composées les unes dans les autres de 5 personnes $\frac{1}{4}$ $\frac{1}{60}$: 60 feux ou familles représentoient en 1762 316 habitans.

On a compté également les maisons de la ville de Lyon & de ses fauxbourgs, & il s'en est trouvé 4770 : en divisant le nombre de 115836 habitans par celui des maisons, on trouve qu'elles contenoient un peu plus de 24 personnes les unes dans les autres.

Dans le nombre de 115836 habitans, sont compris les Ecclésiastiques des deux sexes, séculiers & réguliers : par le dénombrement qui en a été fait en 1759, tête par tête, Eglise par Eglise, Communauté par Communauté, & Paroisse par Paroisse, ils se sont trouvés monter à 2103 ; ce qui fait un 55e $\frac{1}{12}$; sur 661 habitans il y a dans la ville de Lyon 12 Ecclésiastiques des deux sexes.

En réunissant les habitans de la ville de Lyon & de ses fauxbourgs à ceux de la Généralité, on trouve qu'ils montent à

. . . . 547636.

Et les Ecclésiastiques, tant de la Ville que de la Généralité,
. . . . 4663.

Les Ecclésiastiques de la Ville & Généralité de Lyon sont par conséquent au total des habitans comme 1 à 117$\frac{1}{3}\frac{1}{9}$.

Sur 1057 habitans, il y a dans la Ville & Généralité de Lyon 9 Ecclésiastiques.

Dénombrement des Ecclésiastiques de la ville de Lyon & de ses fauxbourgs existans en 1759.

ÉNUMERATIONS DES ECCLÉSIASTIQUES.	NOMBRE des Prêtres, Chanoines, Curés, Vicaires, Habitués, &c.	CLERCS ou Abbés engagés dans les ordres, ou attachés aux Eglises.	TOTAL.
CHAPITRE DE SAINT-JEAN, *Cathédrale de Lyon.*			
1. Archevêque,			
32. Comtes,			
12. Custodes, Chevaliers d'honneur,			
20. Prêtres perpétuels,	87	15	102
22. Prêtres habitués,			
15. Clercs ou jeunes Ecclésiastiques attachés à l'Eglise.			
CHAPITRE DE SAINT-JUST, *Baronie & Paroisse.*			
18. Chanoines-Barons,			
10. Prêtres perpétuels,	33	8	41
5. Un Curé, un Vicaire, trois Prêtres habitués,			
8. Clercs.			
CHAPITRE DE SAINT-PAUL, *Paroisse.*			
18. Chanoines,			
2. Chanoines d'honneur,			
10. Prêtres perpétuels,	44	12	56
14. Prêtres habitués, Vicaires,			
12. Clercs.			
	164	35	199

ÉNUMÉRATIONS *DES* *ECCLÉSIASTIQUES.*	*NOMBRE* *des Prêtres,* *Chanoines,* *Curés, Vicai-* *res, Habitués,* *&c.*	*CLERCS* *ou Abbés en-* *gagés dans* *les ord.es, ou* *attachés aux* *Eglises.*	*TOTAL.*
Ci-contre, ... 164.		. . . . 35.	. . . 199.
CHAPITRE DE SAINT-NIZIER, *Paroisse.*			
17. Chanoines,			
4. Chanoines d'honneur,			
8. Prêtres perpétuels, ... 51.		. . . . . 12.	. . . 63.
22. Prêtres habitués, Vicaires,			
12. Clercs.			
CHAPITRE DE FOURVIÈRES, *Paroisse.*			
10. Chanoines,			
1. Chanoine d'honneur,			
3. Prêtres habitués, Vicaires, ... 14.		. . . . . 6.	. . . 20.
6. Clercs.			
CHAPITRE D'ENAY, *Paroisse.*			
19. Chanoines,			
2. Chanoines d'honneur,			
7. Prêtres habitués, Vicaires, ... 28.		. . . . 9.	. . . 37.
9. Clercs.			
SAINT-PIERRE-LÈS-NONAINS, *Paroisse.*			
1. Curés,			
4. Vicaires. . . . . 5.		. . . .	. . . 5.
SAINT-PIERRE-LE-VIEUX, *Paroisse.*			
1. Curé,			
1. Vicaires. . . . . 2.		. . . .	. . . 2.
	264.	62.	326.

ÉNUMÉRATIONS DES ECCLÉSIASTIQUES.	NOMBRE des Prêtres, Chanoines, Curés, Vicaires, Habitués, &c.	CLERCS ou Abbés engagés dans les ordres ou attachés aux Eglises.	TOTAL
De l'autre part, ...	264.	62.	326.
SAINT-VINCENT, *Paroisse.*			
1. Curés ,			
2. Vicaires, ...	3.		3.
VAIZE, *Paroisse.*			
1. Curé ,			
1. Vicaire , ...	2.		2.
LA GUILLOTIÈRE, *Paroisse.*			
1. Curé ,			
2. Vicaires, ...	3.		3.
LA PLATIÈRE, *Paroisse.*			
4. Prêtres réguliers de l'Ordre de S.t Ruf,			
6. Prêtres séculiers , ...	10.	6.	16.
6. Clercs,			
SAINT-GÉORGE, *Paroisse,* de l'Ordre de Malthe.			
1. Prêtre régulier ,			
4. Prêtres séculiers, ...	5.		5.
SAINT-IRÉNÉE, Ordre de Sainte-Geneviève , *Paroisse,*			
7. Chanoines réguliers, Curés , Vicaires ,			
5. Novices, ...	12.		12.
TOTAL des Chapitres & Paroisses , ...	299.	68.	367.

ÉNUMÉRATIONS DES ECCLÉSIASTIQUES.	Nombre des Prêtres, Chanoines, Curés, Vicaires, Habitués, &c.	Clercs ou Abbés engagés dans les ordres ou attachés aux Eglises.	Total.
SÉMINAIRE DE SAINT-IRÉNÉE.			
11. Directeurs,			
26. Séminaristes dans les ordres,	11.	116.	127.
90. Séminaristes Théologiens.			
SÉMINAIRE DE SAINT-CHARLES.			
9. Directeurs,			
13. Séminaristes dans les ordres,	9.	44.	53.
31. Séminaristes simples Ecclésiastiques.			
L'HÔTEL-DIEU, *Hôpital.*			
8. Prêtres,	8.		8.
LA CHARITÉ, *Hôpital.*			
6. Prêtres,	6.		6.
Total des Séminaires & Hôpitaux	34.	160.	194.
45. Prêtres Aumôniers de Religieuses,			45.

ÉNUMÉRATIONS DES ECCLÉSIASTIQUES.	PRÊTRES réguliers ou Religieux Profès.	NOVICES ou personnes engagées dans quelques Congrégations & qui ne sont pas Prêtres.	FRÈRES.	TOTAL.
COMMUNAUTÉS Séculières.				
ORATOIRE.				
6. Prêtres ,				
6. Jeunes Oratoriens , ...	6.	6.	1.	13.
1. Frère,				
MISSIONNAIRES DE SAINT-JOSEPH.				
21. Prêtres,				
19. Jeunes Missionnaires.	21.	19.		40.
MISSIONNAIRES DE SAINT-LAZARE.				
12. Prêtres ,				
15. Etudians ,				
7. Novices , ...	12.	22.	10.	44.
19. Frères.				
TOTAL des Communautés séculières , ...	39.	47.	11.	97.

ÉNUMÉRATIONS DES ECCLÉSIASTIQUES.	RELIGIEUX Profès.	NOVICES.	FRÈRES.	TOTAL.
COMMUNAUTÉS *Religieuses d'Hommes,*				
ANTONINS.				
15. Profès Prêtres, 2. Frères.	15.		2.	17.
TRINITAIRES.				
3. Profès Prêtres, 2. Frères,	3.		2.	5.
DOMINIQUAINS.				
17. Profès Prêtres, 2. Frères.	17.		2.	19.
CORDELIERS *de Saint-Bonaventure,*				
24. Profès Prêtres, 5. Novices, 8. Frères.	24.	5.	8.	37.
CORDELIERS *de l'Observance.*				
9. Profès Prêtres, 3. Frères.	9.		3.	12.
CARMES DES TERRAUX.				
24. Profès Prêtres, 5. Frères.	24.		5.	29.
CARMES-DES-CHAUSSÉES.				
20. Profès Prêtres, 2. Novices, 8. Frères,	20.	2.	8.	30.
	112.	7.	30.	149.

ÉNUMÉRATIONS DES ECCLÉSIASTIQUES.	RELIGIEUX Profès.	NOVICES.	FRÈRES.	TOTAL.
De l'autre part, ci	.... 112.	.... 7.	.... 30.	....149.
AUGUSTINS de Saint-Vincent.				
9. Profès Prêtres,				
4. Novices,	.... 9.	.... 4.	... 6.	.... 19.
6. Frères.				
AUGUSTINS de la Croix Rousse.				
27. Profès Prêtres,				
1. Novice,	.... 27.	.... 1.	... 10.	.... 38.
10. Frères.				
CÉLESTINS.				
20. Profès Prêtres	.... 20.			... 20.
MINIMES.				
25. Profès Prêtres,	.... 25.		... 4.	... 29.
4. Frères.				
JÉSUITES du grand Collège.				
85. Profès Prêtres,	.... 85.		... 26.	...111.
26. Frères.				
JÉSUITES du petit Collège.				
10. Profès Prêtres,	.... 10.		... 3.	... 13.
3. Frères.				
JÉSUITES de Saint-Joseph.				
10. Profès Prêtres,	.... 10.		... 5.	.... 15.
5. Frères.				
CAPUCINS de Fourvières.				
19. Profès Prêtres,				
14. Novices,	.... 19.	.... 14.	... 6.	... 39.
6. Frères.				
	317.	26.	90.	433.

ÉNUMÉRATIONS DES ECCLÉSIASTIQUES.	RELIGIEUX Profès.	NOVICES.	FRÈRES.	TOTAL.
Ci-contre, ...	.... 317.	.... 26.	.... 90.	....433.
CAPUCINS du Petit-Forêt.				
31. Profès Prêtres , 9. Frères.	.... 31.		.... 9.	....40.
CHARTREUX.				
17. Profès Prêtres, 6. Frères.	.... 17.		.... 6.	...23.
PICPUS de la Guillotière.				
22. Profès Prêtres, 12. Frères.	....22.		.... 12.	...34.
FEUILLANS.				
6. Profès Prêtres	.... 6.			... 6.
RECOLLETS.				
33. Profès Prêtres , 8. Novices , 13. Frères.	.... 33.	.... 8.	..... 13.	....54.
TOTAL des Communautés Relig. d'hommes ,	426.	34.	130.	590.

ÉNUMÉRATIONS DES ECCLÉSIASTIQUES.	Religieuses Professes.	Novices.	Sœurs Converses.	Total.
COMMUNAUTÉS *Religieuses de Femmes.*				
ABBAYE ROYALE DE St PIERRE.				
37. Professes,	37.		9.	46.
9. Sœurs.				
ABBAYE DE LA DÉSERTE.				
49. Professes,	49.	1.	8.	58.
1. Novice,				
8. Sœurs.				
ABBAYE DE CHAZAUX.				
42. Professes,	42.		7.	49.
7. Sœurs.				
SAINT-BENOÎT.				
52. Professes,	52.	2.	12.	66.
2. Novices,				
12. Sœurs.				
SAINTE-CLAIRE.				
26. Professes,	26.	1.	8.	35.
1. Novice,				
8. Sœurs.				
SAINTE-ÉLISABETH *des deux Amans.*				
72. Professes,	72.		10.	82.
10. Sœurs.				
	278.	4.	54.	336.

ÉNUMÉRATIONS DES ECCLÉSIASTIQUES.	Religieuses Professes.	Novices.	Sœurs Converses.	Total.
Ci-contre, ...	278.	...	54.	...336.
SAINTE-ÉLISABETH des deux Collinettes.				
30. Professes,				
12. Sœurs.	30.	. . . .	12.	... 42.
URSULINES de la vieille Monnoie.				
30. Professes,				
2. Novices, ...	30.	2.	5.	... 37.
5. Sœurs.				
URSULINES de Saint-Just.				
38. Professes,				
1. Novice, ...	38.	1.	4.	... 43.
4. Sœurs.				
SAINTE-MARIE de Bellecour.				
43. Professes, ...	43.		5.	...48.
5. Sœurs.				
SAINTE-MARIE des Chaînes.				
50. Professes, ...	50.		9.	... 59.
9. Sœurs.				
SAINTE-MARIE de l'Antiquaille.				
55. Professes, ...	55.		9.	... 64.
9. Sœurs.				
CARMÉLITES.				
29. Professes, ...	29.		7.	... 36.
7. Sœurs.				
	53.	7.	105.	665.

ÉNUMÉRATIONS DES ECCLÉSIASTIQUES.	Religieuses Professes.	NOVICES	SŒURS Converses.	TOTAL.
De l'autre part, ...	553.	7.	105.	665.
ANNONCIANDES ou BLEU-CÉLESTES.				
48. Professes, 10. Sœurs.	48.		10.	58.
BERNARDINES.				
15. Professes, 4. Sœurs.	15.		4.	19.
VERBE INCARNÉ au Gourguillon.				
48. Professes, 6. Sœurs.	48.		6.	54.
MAISON DU BON-PASTEUR.				
12. Professes, 2. Sœurs.	12.		2.	14.
TOTAL des Communautés Relig. de Femmes,	676.	7.	127.	810.

RÉCAPITULATION.

1. Cathédrale , ... 102

14. Paroisses , dont cinq avec titre
de Chapitre , ... 265

2. Séminaires , ... 180

2. Hôpitaux , ... 14

45. Prêtres Aumôniers de Religieuses, 45

3. Communautés séculières d'hommes , ... 97

20. Communautés Religieuses
d'hommes , ... 590

17. Communautés Religieuses de
femmes , ... 810

} 2103.

59. Églises, Paroisses, Communautés, _____
Séminaries ou Hôpitaux, contenant, 2103 Ecclésiastiques.

ÉTAT
DE LA POPULATION
DE LA VILLE DE LYON
ET
DE SES FAUXBOURGS
EN 1700,
COMPARÉE À CE QU'ELLE ÉTOIT
EN 1762.

POUR conftater fi la population de la ville de Lyon & de fes fauxbourgs a perdu ou gagné depuis le commencement de ce fiècle, il eft néceffaire de comparer les naiffances, mariages & morts qui y ont eu lieu dans les 10 années qui fe font écoulées de 1690 à 1700 ; avec les naiffances, mariages & morts des 10 années de 1752 à 1762. Cette comparaifon donnera la preuve la plus complette de l'augmentation ou de la diminution de la population de la ville de Lyon & de fes fauxbourgs.

Comparaifon

Comparaifon des baptêmes, mariages & morts de la ville de Lyon & de fes fauxbourgs depuis l'année 1690, jufques & compris 1699, avec les naiffances, mariages & morts de 1752, jufques & compris 1761.

PAROISSES.	NAISSANCES.		MARIAGES.		MORTS.	
	de 1690 à 1700	de 1752 à 1762	de 1690 à 1700	de 1752 à 1762	de 1690 à 1700	de 1752 à 1762
1. S.ᵗ NIZIER.	15631	15824	3179	3755	11032	7768
2. S.ᵗ PIERRE.	5643	6018	1410	1540	2886	3138
3. SAINT-PAUL.	4581	4804	969	919	2719	2702
4. LA PLATᶦᴱᴿᴱ	2742	3094	815	1027	2259	1861
5. S.ᵗ MARTIN D'ENAY.	1520	2431	415	782	1213	1631
6. S.ᵗ GEORGE.	1602	1903	326	408	1119	1108
7. S.ᵗ VINCENT.	1576	1882	347	518	1277	1081
8. Sᵗᵉ CROIX.	1575	1542	486	494	875	1004
9. LA Gᵁᴵᴸᴸᴼᵀᴵᴱᴿᴱ	1064	1471	268	237	942	790
10. S.ᵗ Pᴵᴱᴿᴿᴱ ᴸᴱ-ᵛᴵᴱᵁˣ.	573	794	157	202	211	589
11. SAINT-JUST.	527	760	173	179	658	555
12. S.ᵗ IRÉNÉE.	310	406	83	79	422	301
13. VAIZE.	354	379	97	105	363	216
14. FOURVIÈᴿᴱˢ.	51	64	11	38	39	35
TOTAL,...	37749	41372	8736	10283	26015	22779

L'année commune des naiffances de 1690 à 1700 étoit de 3775, qui, multipliée par 28, donne 105700 habitans, qui exiftoient à Lyon en 1700; & comme il en exiftoit 115836 en 1762, il en réfulte une augmentation d'un peu moins d'un dixième.

H

Les mariages de 1690 à 1700 ont produit les uns dans les autres quatre enfans $\frac{1}{4}$ $\frac{1}{16}$ $\frac{1}{96}$; 48 mariages ont donné 207 enfans $\frac{1}{2}$.

Ceux de 1752 à 1762 ont donné les uns dans les autres quatre enfans $\frac{1}{48}$; 48 mariages ont produits 193 enfans.

Par conséquent les mariages de cette époque font moins féconds que ceux de la première d'environ un quinzième.

Les morts de 1690 à 1700 font supérieurs à ceux de 1752 à 1762 de 3236 ; d'où il résulte que les 10 années de 1752 à 1762 ont été moins mortelles d'environ un huitième que celles de 1690 à 1700 ; ce qu'on doit attribuer aux maladies épidémiques de 1693 & 1694, qui ravagèrent tout le Royaume, & dont la ville de Lyon ne fut pas exempte.

On doit observer, avant de finir cet article, que les morts & les baptêmes de l'Hôtel-Dieu de la ville de Lyon, ainsi que les morts de la Charité, ne font pas compris dans la Table précédente ; mais comme cette omission est commune aux deux Epoques, la comparaison n'en est pas moins juste, puisque ces Hôpitaux existoient en 1700, & que les citoyens de Lyon en recevoient les mêmes secours.

ÉTAT

DE LA POPULATION

DE

LA GÉNÉRALITÉ DE ROUEN

EN 1762.

A recherche des naissances, mariages & morts de toutes les villes & paroisses qui composent la Généralité de Rouen est complette, à l'exception des mariages & des morts de la ville de Dieppe qui manquent.

On rapportera les morts de cette Généralité, parce qu'on a remarqué que les Curés avoient été exacts à inscrire sur leurs Registres les morts de tout âge.

La population de la ville de Rouen mérite, comme celle de la ville de Lyon, d'être traitée séparément.

Hij

Table des naiſſances , mariages & morts de toutes les Villes & Paroiſſes de la Généralité de Rouen , à l'exception de la ville de Rouen , depuis & compris 1752 , juſques & compris 1761 ; pour conſtater l'année commune des naiſſances & celle des morts , & ſervir à connoître combien les mariages rendent d'enfans les uns dans les autres.

NOMBRE des Paroiſſes & Communautés dont les rôles d'impoſitions ſont ſéparés.	ELECTIONS.	NAISSANCES de 1752 à 1762	MARIAGES de 1752 à 1762	MORTS de 1752 à 1762
91	MAGNY.	10152	2298	11223
86	GISORS.	9641	2351	9387
61	LYONS.	7870	1934	7862
112	NEUFCHÂTEL.	12188	3091	13712
223	ARQUES.	22823	5889	21199
82	EU.	9862	2211	10511
156	MONTIVILLIERS.	20257	5071	16858
186	CAUDEBEC.	27080	7173	20829
157	PONTEAU-DE-MER.	25263	6852	20188
133	PONT-L'EVÊQUE.	10049	2622	7187
177	EVREUX.	18961	4530	22152
117	ANDELY.	14670	3401	15226
76	PONT-DE-L'ARCHE.	16091	3716	14493
196	ROUEN.	22558	5687	18211
28	LA BANLIEUE.	7326	1752	6233
1881	LA VILLE DU HAVRE.	5368	1192	4185
	HONFLEUR.	1761	478	1803
4	IVETOT.	1837	396	1373
		243757	60644	222632
	DIEPPE.	6496		
1885				
		250253		

Les naiffances étant au nombre de 250253 pour dix ans, l'année commune eft de 25025 $\frac{3}{10}$.

L'année commune des naiffances, fans y comprendre celles de Dieppe, eft de 24375 $\frac{7}{10}$,

L'année commune des morts, fans y comprendre ceux de la ville de Dieppe, eft de 22263.

L'excédant des naiffances feroit beaucoup plus confidérable fi on avoit fait diftraction des nourriçons de Paris qui meurent dans cette province. Les Élections où les morts furpaffent ou égalent les naiffances, font celles qui fourniffent des nourrices aux enfans de Paris.

Pour conftater combien les mariages ont donné de naiffances, on a diftrait de l'année commune des naiffances celles de la ville de Dieppe, dont on n'a pas les mariages. Au moyen de cette diftraction les mariages fe font trouvés produire les uns dans les autres quatre enfans un cinquante-fixième ; feize mariages ont donné foixante-quatre enfans deux feptièmes.

Table contenant, 1.º les habitans de cent cinq Villes,
Bourgs ou Paroisses, comptés tête par tête en 1762
& 1763 ; 2.º le nombre de familles ; 3.º les naiſſances ; 4.º les mariages des mêmes Villes durant
dix ans.

Noms des Villes, Bourgs & Paroisses.	HABITANS.	FAMILLES.	NAISSANCES. durant 10 ans.	MARIAGES. durant 10 ans.
La ville de FÉCAMP.	5004	1429	1398	390
SAINT-VALERY en Caux.	4009	977	1241	285
GISORS.	2536	679	1047	221
NEUFCHÂTEL.	2297	594	732	151
GOURNAY.	1918	522	701	358
La ville du GRAND-ANDELY.	1823	469	825	217
La ville de MAGNY.	1641	485	565	118
La ville de PONT-L'EVÊQUE.	1636	497	527	106
La ville de PONT-DE-L'ARCHE.	1308	355	560	107
La ville de LYONS.	1358	357	444	105
VARENGEVILLE.	1040	233	388	90
CRIQUEBEUF.	1001	290	415	112
ÉTREPAGNY.	949	287	310	78
GRASVILLE.	934	243	403	119
La ville du PETIT-ANDELY.	887	253	322	71
NORMANVILLE.	839	206	248	65
HEUDICOURT.	726	205	268	74
MONTORE.	720	208	268	110
La Mad.re Faubg. D'ANDELY.	710	188	283	49
SAINT-GATIEN.	628	174	236	48
BEZU.	607	151	242	56
AUPPEGARD.	601	153	185	46
LIMAIS.	643	169	260	64

Noms des Villes, Bourgs & Paroisses.	HABITANS.	FAMILLES.	NAISSANCES durant 10 ans.	MARIAGES durant 10 ans.
BACQUEVILLE.	577	152	232	47
GOMMECOURT.	562	150	246	58
SANVIC.	552	117	216	43
N. D. DU VAUDREUIL.	549	137	222	61
BUCHY.	543	142	134	32
ÉPREVILLE.	537	(130)	175	40
BOISEMONT.	532	135	217	51
MOUCEAUX.	516	139	247	46
LISLE.	509	123	253	53
MONTJAOUL.	506	136	165	44
VAL-DAMPIERRE.	503	138	194	40
FONTAINE-SOUS-JOUY.	493	128	174	29
DAMPIERRE.	481	118	196	45
LIANCOURT.	477	118	185	36
SAINT-PIERRE-EN-VAL.	477	120	162	38
SAINT-THOMAS DE TOUQUES.	468	141	241	35
N. D. D'ALIERMONT.	467	106	180	37
L'ORLEAU.	464	122	144	42
ÉTURQUERAYE.	459	104	128	32
SANSEUZE-MARE.	453	127	132	35
VERNONET.	455	114	178	25
LA NEUVE-GRANGE.	455	112	146	40
BAONS-LE-COMTE.	447	85	128	32
TOTES.	436	102	130	26
ELBEUF, Election D'ANDELY.	433	100	156	48
SAINT-DENIS-LE-THIBOULT.	429	111	163	36
MENERVAL.	420	93	118	36
MONTCHY.	413	103	152	37
PRESSAGNY.	409	105	210	37
ANNEBAULT.	388	103	132	37
SAINT-JEAN-DE-CHAUMONT.	386	108	143	27

Noms des Villes, Bourgs & Paroisses.	HABITANS.	FAMILLES.	NAISSANCES durant 10 ans.	MARIAGES durant 10 ans.
SAINT-GERVAIS.	376	112	148	37
QUEMAUVILLE.	355	97	194	42
AMBLEVILLE.	339	93	129	18
S.T MARTIN-DE-CHAUMONT.	336	92	167	24
CÉRIFONTAINE.	337	100	171	34
FRESNE-L'ARCHEVÊQUE.	326	89	160	29
PENNE-DE-PIÉ.	334	74	121	32
CRIQUEBEUF-LA-CAMPAGNE.	340	92	161	26
MEZANGUEVILLE.	334	86	107	27
ANVÉRONVILLE.	320	93	76	24
SAINTE-CROIX-SUR-BUCHY.	320	81	108	34
S.T LEGER-SUR-BONNEVILLE.	302	69	84	20
OMERVILLE.	311	88	114	26
BOUAFLE.	306	68	139	32
SURVILLE.	305	80	68	27
ARGUEUIL.	298	77	105	18
IGOVILLE.	296	85	111	24
SAINT-PIERRE-DE-TOUQUES.	283	66	120	16
FOURGES.	268	70	133	24
PANNILEUZE.	279	78	127	34
BOISJEROSME.	275	76	102	20
RY.	263	71	95	17
MOUFLAINNE.	243	63	131	36
SAINT-JUST.	245	58	116	28
FRY.	223	52	62	16
SAINT-MARS.	218	57	57	18
LE THEIL.	218	57	107	27
BOUTANCOURT.	215	47	92	20
BARNEVILLE.	216	49	111	26
ABLEVILLE.	211	52	55	14
TULLY.	208	56	97	20

Noms des Villes , Bourgs & Paroisses.	HABITANS.	FAMILLES.	NAISSANCES durant 10 ans.	MARIAGES durant 10 ans.
FRANQUEVILETTE.	204	52	42	16
ÉRAGNY.	198	43	67	13
SAINTE-MELAINE.	186	54	34	11
TAMARVILLE.	183	54	85	24
LIERVILLE.	182	53	35	11
BAZINCOURT.	194	49	82	19
PENNEVILLE.	187	46	55	10
CREMAUVILLE.	174	48	64	23
SURCY.	163	41	37	18
VEZILLON & le Hameau DUHAMEL.	161	33	66	21
THIERCEVILLE.	150	34	70	14
HODENGES.	133	35	45	10
HARICOURT.	138	34	73	10
VAZOUY.	131	30	49	18
FLAMENIL.	123	32	45	13
TOUSLY.	122	23	40	13
BOSROGER.	117	34	51	22
SAINT-MICHEL.	112	26	20	11
ÉNENCOURT.	110	30	40	14
CORBIE.	82	20	40	13
	60552	15943	21974	5359

Les naiſſances étant au nombre de 21974, & les mariages de 5359,

L'année commune des naiſſances eſt de 2197 $\frac{4}{10}$, celle des mariages de 536.

L'année commune des naiſſances eſt au nombre des habitans, comme 1 à 27 $\frac{1}{2}$ $\frac{1}{20}$; 20 naiſſances dans cette proportion repréſentent 551 habitans.

Les mariages ſont aux habitans dans la proportion d'un à

I

113 ; fur 113 habitans de tout âge & de tout fexe, il s'en marie deux, année commune.

Les familles font compofées, les unes dans les autres, de trois perfonnes $\frac{1}{2}$ $\frac{1}{4}$ $\frac{1}{20}$.

20 familles repréfentent 76 habitans.

Pour conftater le nombre des habitans de la Généralité de Rouen, on multipliera l'année commune des naiffances par le nombre proportionnel 27 $\frac{1}{2}$ $\frac{1}{20}$, fans diftraction de fraction ; parce qu'il eft à préfumer que le nombre proportionnel pris fur environ le dixième de la population de la province, eft le véritable nombre proportionnel entre les naiffances & les habitans de toute la Généralité.

Dénombrement des habitans de tout âge & de tout sexe, de tout état & de toute condition des quatorze Elections de la Généralité de Rouen, de la Banlieue, & des Villes non-taillables, à l'exception de la ville de Rouen, suivant l'année commune des naissances, multiplié par 27 ½ 1/20.

ELECTIONS.	ANNÉE commune des naissances.	HABITANS suivant l'année commune des naissances, multipliées par 27 ½ 1/20.
MAGNY.	1015	27962
GISORS.	964	26558
LYONS.	787	21681
NEUFCHÂTEL.	1219	33583
ARQUES.	*2282	62869
EU.	986	27165
MONTIVILLIERS.	2026	55817
CAUDEBEC.	2708	74606
PONTEAU-DE-MER.	2526	69592
PONT-L'EVÊQUE.	1005	27687
EVREUX.	1896	52235
LES ANDELYS.	1467	40415
PONT-DE-L'ARCHE.	1609	44328
ROUEN.	2256	62153
La Banlieue.	733	20194
La ville du HAVRE.	537	14794
HONFLEUR.	176	4849
IVETOT.	184	5069
DIEPPE.	649	17880
	25025	689437.

Dans ces 689437 habitans font compris les Eccléfiaftiques des deux fexes féculiers & réguliers de la Généralité de Rouen, à l'exception de ceux de la Ville. Le dénombrement qui en a été fait en 1763 tête par tête, Eglife par Eglife, Communauté par Communauté, Couvent par Couvent, & Paroiffe par Paroiffe, s'eft trouvé monter à 5392.

SÇAVOIR;

ELECTIONS.	ECCLÉSIASTIQUES,	
	mâles.	*femelles.*
MAGNY.	149	80
GISORS.	175	172
LYONS.	108	7
NEUFCHÂTEL.	232	147
ARQUES.	416	20
EU.	194	68
MONTIVILLIERS.	336	91
CAUDEBEC.	396	13
PONTEAU-DE-MER.	374	56
PONT-L'EVÊQUE, y compris les Eccléfiaftiques d'Honfleur.	286	76
EVREUX.	338	119
LES ANDELYS.	287	229
PONT-DE-L'ARCHE.	188	73
ROUEN.	324	7
La Banlieue.	98	6
LE HAVRE.	67	35
IVETOT.	6	15
DIEPPE.	98	106
	4072	1320

Le nombre des habitans étant de 689437, & celui des Ecclésiastiques de 5392, il en résulte que les Ecclésiastiques font environ la cent vingt-septième partie des habitans, & que sur 127 habitans, il y a un Ecclésiastique.

Le nombre des Villes, Bourgs, Paroisses & Communautés; dont les rôles d'impositions sont séparés, est de 1885 en y comprenant le Havre, Honfleur, Ivetot, & Dieppe : elles contiennent les unes dans les autres environ 366 habitans.

Dénombremens de cent cinq petites Villes, Bourgs & Paroisses de la Généralité de Rouen, où les habitans font diſtingués par ſexe & par âge, & tels qu'ils ſe font trouvés exiſter lorſqu'ils ont été comptés tête par tête en 1762 & 1763.

NOMS des Villes, Bourgs & Paroiſſes.	Hommes mariés ou veufs.	Femmes mariées ou veuves.	Garçons au deſſus de 14 ans.	Garçons de 14 ans & au deſſous.	Filles au deſſus de 14 ans.	Filles de 14 ans & au deſſous.	Domeſt. mâles.	Domeſt. femelles.	TOTAL.
La ville de FECAMP.	910	1119	504	658	690	685	173	265	5004
SAINT-VALERY en Caux.	705	876	416	637	660	568	58	89	4009
GISORS.	504	579	186	312	361	389	85	120	2536
NEUFCHATEL.	456	530	190	368	311	285	84	173	2297
GOURNAY.	387	463	199	284	169	265	41	110	1918
La ville du GRAND-ANDELY.	419	438	133	245	182	210	97	99	1823
La ville de MAGNY.	339	402	151	206	164	234	56	89	1641
La ville de PONT-L'EVEQUE.	287	374	207	184	226	173	68	117	1636
La ville du PONT-DE-L'ARCHE.	301	309	100	182	152	180	43	41	1308
La ville de LYONS.	299	313	119	186	144	173	82	42	1358
VARENGEVILLE.	188	229	105	178	93	169	40	39	1040
CRIQUEBŒUF.	210	273	139	85	151	90	25	28	1001
ÉTREPAGNY.	188	226	92	109	157	117	26	26	940
GRAVILLE.	174	207	75	115	76	126	97	64	934
La ville du PETIT-ANDELY.	180	239	96	115	122	98	15	32	887
NORMANVILLE,	183	203	79	123	74	117	34	26	839
HEUDICOURT,	161	172	53	135	60	121	16	8	726
MONTORE.	188	188	96	89	63	85	8	3	720
La MAGDEL. F. D'ANDELY.	158	184	65	88	77	91	22	25	710
SAINT-GATIEN.	144	154	66	78	51	77	35	23	628
BEZU.	122	136	52	93	59	85	36	24	607
AUPPEGARD.	102	134	65	93	65	94	26	22	601
LIMAIS.	148	164	69	103	58	95	4	2	643
BASQUEVILLE,	130	143	54	85	54	75	21	15	577
GOMMECOURT,	118	133	72	80	55	86	10	8	562
SAUVIE.	87	102	73	84	70	75	39	22	552
N. D. du VAUDREUIL.	125	134	57	63	65	82	11	12	549
BUCHY.	112	124	49	78	84	64	21	11	543
ÉPREVILLE.	110	117	53	77	58	77	25	20	537
BOISEMONT.	94	124	32	70	59	86	51	16	532
MOUCEAUX,	110	133	38	96	45	90	1	3	516
LISLE.	130	139	30	84	38	74	7	7	509
MONTJAOUL.	97	118	47	78	65	67	20	14	506
VAL-DAMPIERRE,	86	114	45	84	59	93	18	4	503

Noms des Villes, Bourgs & Paroisses.	Hommes mariés ou veufs.	Femmes mariées ou veuves.	Garçons au-dessus de 14 ans.	Garçons de 14 ans & au-dessous.	Filles au-dessus de 14 ans.	Filles de 14 ans & au-dessous.	Domest. mâles.	Domest. femelles.	TOTAL
FONTAINE-SOUS-JOUY.	107	103	56	78	46	73	16	14	493
DAMPIERRE.	97	103	22	71	21	78	45	44	481
LIANCOURT.	92	103	47	78	57	87	5	8	477
SAINT-PIERRE-EN-VAL.	86	105	60	78	47	71	18	12	477
SAINT-THOMAS DE TOUQUES.	111	120	42	53	45	51	23	23	468
NOTRE-DAME D'ALIERMONT.	93	106	31	89	42	73	19	14	467
LORLEAU.	114	119	37	72	35	67	14	6	464
ÉTURQUERAYE.	98	108	38	61	40	62	26	26	459
SANSEUZEMARE.	108	105	74	27	61	44	17	17	453
VERNONET.	92	109	41	91	22	65	14	21	455
LA NEUVE-GRANGE.	82	99	50	79	51	59	27	8	455
BAON-LE-COMTE.	76	83	69	75	50	54	24	16	447
TOTES.	83	93	48	55	51	67	17	22	436
ELBEUF, Élection d'Andely.	83	94	37	55	25	79	30	30	433
SAINT-DENIS-LE-THIBAULT.	83	102	45	64	39	53	24	19	429
MENERVAL.	73	81	46	33	39	49	41	58	420
MONTELY.	82	90	50	76	39	59	7	10	413
PRESSAGNY.	101	108	29	60	40	61	4	6	409
ANNEBAULT.	73	87	41	59	37	73	15	3	388
SAINT-JEAN-DE-CHAUMONT.	75	75	37	41	64	51	23	20	386
SAINT-GERVAIS.	79	92	37	60	34	48	13	13	376
QUEMMAUVILLE.	80	84	28	41	24	57	22	19	355
AMBLEVILLE.	75	89	24	52	21	69	5	4	339
SAINT-MARTIN-DE-CHAUMONT.	64	81	19	50	39	46	26	11	336
CERYFONTAINE.	77	92	32	56	27	41	26	6	337
FRESNE-L'ARCHEVEQUE.	67	78	19	51	24	57	19	11	326
PENNE-DE-PIE'.	59	63	26	47	21	48	48	22	334
CRIQUEBEUF-LA-CAMPAGNE.	86	76	36	35	49	39	13	6	340
MEZENGUEVILLE.	69	79	31	54	16	49	15	21	334
AUVEROUVILLE.	68	71	40	34	43	38	17	9	320
SAINTE-CROIX-SUR-BUCHY.	66	70	30	39	46	33	20	16	320
S.T LEGER-SUR-BONNEVILLE.	67	65	27	43	35	41	12	12	302
OMERVILLE.	65	77	25	55	25	41	11	12	311
BOUAFLE.	74	79	36	33	33	37	9	5	306
SURVILLE.	59	70	21	43	26	41	26	19	305
ARGUEIL.	69	67	13	46	24	33	29	17	298
IGOVILLE.	65	66	24	33	36	34	32	6	296
SAINT-PIERRE-DE-TOUQUES.	45	54	29	45	29	47	13	21	283
FOURGUES.	61	66	16	52	23	37	8	5	268
PANNILEUZE.	69	81	7	49	11	54	3	5	279
BOISJERGSME.	58	67	33	40	21	39	13	4	275
RY.	59	58	32	29	26	34	12	13	263
MOUFLAINE.	62	63	16	54	15	21	10	2	243
SAINT-JUST.	50	56	19	42	23	43	7	5	245
FRY.	44	44	21	30	19	33	21	11	223

NOMS des Villes, Bourgs & Paroisses.	Hommes mariés ou veufs.	Femmes mariées ou veuves.	Garçons au-dessus de 14 ans.	Garçons de 14 ans & au-dessous.	Filles au-dessus de 14 ans.	Filles de 14 ans & au-dessous.	Domest. mâles.	Domest. femelles.	TOTAL.
SAINT-MARS.	43	43	16	29	17	31	26	13	218
LE THEIL.	57	47	8	38	12	45	6	5	218
BOUTENCOURT.	40	46	15	40	8	40	17	9	215
BARNEVILLE.	46	45	16	34	25	28	13	9	216
ABLEVILLE.	40	43	29	30	23	26	7	8	211
TULLY.	44	47	10	33	19	24	24	7	208
FRANQUEVILETTE.	47	43	15	21	33	16	18	11	204
ÉRAGNY.	40	38	11	34	49	6	15	5	198
SAINTE-MELAINE.	41	49	23	19	20	27	2	5	186
TANCARVILLE.	42	40	7	26	31	23	6	8	183
SIERVILLE.	40	40	21	22	12	23	17	7	182
BAZINCOURT.	38	47	25	27	36	13	5	3	194
PENNEVILLE.	39	39	14	29	22	29	8	7	187
CREMANVILLE.	40	35	16	23	8	22	17	13	174
SURCY.	36	35	13	20	12	21	19	7	163
VEZILLON & le H.au DUHAMEL.	28	36	12	27	13	30	7	8	161
THIERCEVILLE.	32	33	11	14	32	13	10	5	150
HODENGER.	29	31	7	11	7	22	8	18	133
HARICOURT.	29	31	9	20	17	14	13	5	138
VAZOUY.	23	22	10	22	11	18	14	11	131
FLAMENIL.	29	33	7	18	11	17	6	2	123
TOURLY.	20	25	7	27	13	17	9	4	122
BOSROGER.	23	29	11	19	9	21	3	2	117
SAINT-MICHEL.	18	21	21	10	14	8	10	10	112
ÉNENCOURT.	26	25	4	28	9	11	5	2	110
CORBIE.	21	18	5	8	2	17	6	5	82
	12309	14020	5670	8482	6812	8294	3525	2440	60552

Il résulte de ce Dénombrement que sur 60552 habitans il y a

12309 hommes mariés ou veufs.

5670 garçons au-dessus de 14 ans.

8482 garçons de 14 ans & au-dessous,

2525 domestiques mâles.

___

Ce qui fait 28986 mâles,

14020

14020 femmes mariées ou veuves.
6812 filles au-dessus de 14 ans.
8294 filles de 14 ans & au-dessous.
2440 domestiques femelles.

Ce qui fait 31566 femelles.

PREMIÈRE PROPORTION.

Les mâles de tout âge sont aux femelles de tout âge, comme $11\frac{1}{5}\frac{1}{30}$ à $12\frac{5}{1}\frac{1}{30}$, & dans la proportion de 337 à 367.

SECONDE PROPORTION.

Les enfans des deux sexes de 14 ans & au-dessous sont au nombre de 16776, ce qui est au total des habitans comme 1 à $3\frac{1}{2}\frac{1}{9}$; & par conséquent plus près du quart que du tiers.

TROISIÈME PROPORTION.

Les mâles sont au total des habitans,

SÇAVOIR;

Les hommes mariés ou veufs, comme 1 à $4\frac{1}{2}\frac{1}{4}\frac{1}{8}\frac{1}{24}$; sur 118 habitans, il y a 24 hommes mariés ou veufs.

Les garçons au-dessus de 14 ans, comme 1 à $10\frac{1}{2}\frac{1}{8}\frac{1}{60}$; sur 641 habitans, il y a 60 garçons au-dessus de 14 ans.

Les garçons de 14 ans & au-dessous, comme 1 à $7\frac{1}{7}$; sur 50 habitans, il y a 7 garçons de 14 ans & au-dessous.

Les domestiques mâles, comme 1 à $23\frac{1}{2}\frac{1}{4}\frac{1}{8}\frac{1}{16}\frac{1}{32}\frac{1}{64}$; sur 1535 habitans, il y a 64 domestiques mâles.

QUATRIÈME PROPORTION.

Les femelles sont au total des habitans,

SÇAVOIR;

Les femmes mariées ou veuves, comme 1 à $4\frac{1}{4}\frac{1}{16}\frac{1}{160}$; sur 691 habitans, il y a 160 femmes mariées ou veuves.

K

Les filles au-deſſus de 14 ans, comme 1 à 8 $\frac{1}{2}$ $\frac{1}{4}$ $\frac{1}{8}$ $\frac{1}{72}$; ſur 640 habitans, il y a 72 filles au-deſſus de 14 ans.

Les filles de 14 ans & au-deſſous, comme 1 à 7 $\frac{1}{4}$ $\frac{1}{20}$; ſur 146 habitans, il y a 20 filles de 14 ans & au-deſſous.

Les domeſtiques femelles, comme 1 à 24 $\frac{1}{2}$ $\frac{1}{4}$ $\frac{1}{16}$; ſur 392 habitans, il y a 16 domeſtiques femelles.

*Dénombrement des habitans de la Généralité de Rouen,
sans y comprendre la ville de Rouen, distingués
par sexe & par âge ; tiré des proportions précédentes.*

ON a vu, *page 67*, que l'année commune des naissances de
toute la Généralité de Rouen, non compris cette Ville,
étoit de 25025, qui, multipliée par 27 $\frac{1}{2}$ $\frac{1}{10}$, donne
689437 habitans de tout sexe & de tout âge; ces 689437
habitans doivent être divisés dans les proportions suivantes :

Hommes mariés ou veufs,	139123	
Garçons au-dessus de 14 ans,	64027	
Garçons de 14 ans & au-dessous,	95763	331504 mâles.
Domestiques mâles,	28519	
Ecclésiastiques mâles,	4072	
Femmes mariées ou veuves,	158384	
Filles au-dessus de 14 ans,	76952	
Filles de 14 ans & au-dessous,	93701	357924 femelles.
Domestiques femelles,	27567	
Ecclésiastiques femelles,	1320	

TOTAL,...... 689428

Sur 689428 habitans, il y a

Hommes mariés ou veufs, femmes mariées ou veuves,	297507
Garçons & filles au-dessus de 14 ans,	140979
Garçons & filles de 14 ans & au-dessous,	189464
Domestiques mâles & femelles,	56086
Ecclésiastiques mâles & femelles,	5392
	689428

K ij

ÉTAT

DE LA POPULATION

DE

LA GÉNÉRALITÉ DE ROUEN

EN 1700.

POUR conftater fi la population eft augmentée ou diminuée dans la Généralité de Rouen, on a fait la recherche des naiffances, mariages & morts pour les dix années
qui fe font écoulées depuis 1690 jufques & compris
1699. La comparaifon des naiffances, mariages & morts
de cette époque avec les naiffances, mariages & morts de
1752 à 1762, donnera la preuve 1.° de l'augmentation, ou
de la diminution de la population; 2.° elle fera connoître fi
les mariages ont été plus ou moins féconds de nos jours
qu'ils l'étoient à la fin du dernier fiècle; 3.° enfin cette comparaifon démontrera laquelle des deux époques a été la plus
mortelle.

Comparaison des naissances, mariages & morts de 541 Paroisses de la Généralité de Rouen depuis 1690 jusques & compris 1699, & depuis 1752 jusques & compris 1761 ; dans les 541 Paroisses ne sont point comprises la ville de Rouen, & autres grandes Villes de la province.

NOMS des Élections.	NOMBRE des Paroisses.	NAISSANCES		MARIAGES		MORTS	
		Depuis 1690 jusq. & compris 1699.	Depuis 1752 jusq. & compris 1761.	Depuis 1690 jusq. & compris 1699.	Depuis 1752 jusq. & compris 1761.	Depuis 1690 jusq. & compris 1699.	Depuis 1752 jusq. & compris 1761.
MAGNY.	31	6323	6624	1513	1416	8589	7113
GISORS.	11	2912	2510	669	592	3459	2419
LYONS.	13	3496	3808	767	941	4323	3596
NEUFCHÂTEL.	32	7497	6600	1663	1565	8499	7381
ARQUES.	45	10610	10842	2561	2426	11399	8716
EU.	17	4771	4091	1019	853	4438	4710
MONTIVIL^LIERS.	49	11739	11018	2884	2564	12778	9355
CAUDEBEC.	56	14483	14945	3314	3767	15474	11945
PONTEAU-DE-MER.	44	13163	12969	3367	3287	15915	10302
PONT-L'EVÊ^QUE.	22	3721	3721	1037	864	4177	2724
EVREUX.	38	7026	7532	1758	1807	7211	8578
ANDELY.	30	8613	8557	1957	1905	10175	8975
PONT-DE-L'ARCHE.	38	9996	11832	2308	2662	10185	10648
ROUEN.	106	13449	14330	3176	3702	15363	12241
La Banlieue.	9	2892	3658	714	836	3250	3035
TOTAUX,...	541	120691	123037	28707	29187	135235	111738

Les naissances de 1752 à 1762 sont supérieures à celles de 1690 à 1700 de 2346 sur 120691, ce qui fait une augmentation en faveur de la population actuelle d'un $51 \frac{1}{4} \frac{1}{8} \frac{1}{16}$, & dans la proportion de 823 à 839.

De 1690 à 1700, 16 mariages ont donné 67 enfans $\frac{1}{4}$.

De 1752 à 1762, 16 mariages ont donné 67 enfans $\frac{1}{2}$.

Les morts de 1752 à 1762 sont inférieurs à ceux de 1690 à 1700 de 33497 sur 135235, ce qui fait une diminution dans la mortalité d'un peu moins du $\frac{1}{4}$, & dans la proporde 128 à 109, ce qui ne peut-être attribué qu'à la mortalité de 1693 & 1694, qui affligea horriblement cette province; & c'est peut-être la raison pour laquelle la population n'y a pas pris les mêmes accroissemens que dans les Généralités d'Auvergne & de Lyon, où vraisemblement cette mortalité a été moins grande.

On doit aussi observer que la population de 1752 à 1762 a un grand avantage sur celle 1690 à 1700, en ce que les morts de cette époque surpassent de beaucoup les naissances; & qu'au contraire les naissances de 1752 à 1762 excèdent les morts.

Quoiqu'on n'ait rapporté ici les naissances, mariages & morts que de 541 Paroisses, & que la Généralité de Rouen soit composée de plus de 1800, cette recherche comprend cependant la moitié de sa population, attendu qu'on a préféré de la faire sur les Paroisses qui contiennent le plus grand nombre d'habitans, comme les plus importantes.

ÉTAT

DE LA POPULATION

DE LA VILLE DE ROUEN

ET

DE SES FAUXBOURGS

EN 1762.

LES mêmes motifs qui ont porté à adopter pour la ville de Lyon le nombre 28 pour déterminer celui de ses habitans par l'année commune de ses naissances, engageront à se servir de cette règle pour calculer les habitans de la ville de Rouen, à laquelle doit être appliqué tout ce qui a été dit à l'article de la ville de Lyon. La ville de Rouen a un Hôtel-Dieu comme celle de Lyon, où les malades & les Enfans-trouvés sont reçus, ainsi que les femmes & filles qui s'y présentent pour y faire leurs couches; mais les mêmes inconvéniens qu'il y auroit eu de faire mention à l'article de la ville de Lyon des baptêmes & morts de l'Hôtel-Dieu, détermineront à les supprimer ici, ainsi qu'on l'a fait pour la ville de Lyon.

Table des naiſſances & mariages de la ville de Rouen
& de ſes fauxbourgs , depuis. & compris 1752 ,
juſques & compris 1761 , pour ſervir à conſtater
l'état de ſa population en 1762.

PAROISSES.	NAISSANCES de 1752 à 1762.	MARIAGES de 1752 à 1762.
1. SAINT-MACLOU.	5224	1315
2. SAINT-VIVIEN.	3343	846
3. SAINT-SEVER.	1486	317
4. SAINT-GERVAIS.	1305	244
5. SAINT-NICAISE.	1110	307
6. SAINT-GODARD.	1064	422
7. SAINTE-CROIX-SAINT-OUEN.	682	204
8. SAINT-ÉLOI.	620	204
9. SAINT-PAUL.	605	138
10. SAINT-MARTIN-SUR-RENELLE.	569	147
11. SAINT-LAURENT.	511	168
12. SAINT-PATRICE.	442	128
13. SAINT-PIERRE-L'HONORÉ.	437	80
14. SAINT-JEAN.	422	137
15. SAINT-MARTIN-DU-PONT.	376	108
16. SAINT-DENIS.	357	103
17. SAINT-LÔ.	354	112
18. SAINT-VINCENT.	352	166
19. NOTRE-DAME DE LA RONDE.	298	77
20. SAINT-ÉTIENNE-DES-TONNELLIERS.	288	89
21. SAINT-CANDE-LE-VIEUX.	288	54
22. SAINT-VIGOR.	268	78
23. SAINT-MICHEL.	247	93
24. SAINTE-CROIX-DES-PELLETIERS.	224	74
25. SAINT-HILAIRE.	208	46
26. SAINT-ÉTIENNE-LA-GRANDE-ÉGLISE.	201	73
27. SAINT-SAUVEUR.	203	69
28. SAINT-NICOLAS.	187	56
29. SAINT-ANDRÉ-HORS-COCHOISE.	187	89
30. SAINTE-MARIE-LA-PETITE.	150	53
31. SAINT-HERBLAND.	143	41
32. SAINT-CANDE-LE-JEUNE.	127	41
33. SAINT-PIERRE-LE-PORTIER.	118	60
34. SAINT-ANDRÉ.	124	41
35. SAINT-AMAND.	99	28
36. SAINT-PIERRE-DUCHATEL.	90	54
	22709	6272

Les

Les morts ne font pas compris dans la Table précédente ; on les trouvera dans la Table de comparaison qui fervira à conftater l'augmentation ou la diminution de la population de la ville de Rouen & fes fauxbourgs, depuis le commencement de ce fiècle.

Il réfulte de la Table précédente que l'année commune des naiffances de la ville de Rouen & de fes fauxbourgs eft de. . . . . : . . . . . 2271 , & celle des mariages de, ... 627.

En multipliant l'année commune des naiffances par le nombre proporcionnel 28, les habitans de la ville de Rouen & de fes fauxbourgs montoient en 1762 à 63588.

Les mariages font aux naiffances dans la proportion de 16 à 5 8 $\frac{1}{2}$; dans cette proportion 48 mariages ont donné 175 enfans $\frac{1}{2}$.

Les habitans de la ville de Rouen & de fes fauxbourgs étant fuppofés au nombre de 63588, & les mariages étant au nombre de 627, la proportion entre les mariages & les habitans, eft comme 1 à 101 $\frac{1}{3}$ $\frac{1}{12}$.

Sur 1217 habitans il fe fait 12 mariages, année commune.

On a compté les cotes de Capitation de la ville de Rouen, lefquelles repréfentent d'une manière affez exacte le nombre de feux ou familles qu'elle renferme ; elles fe font trouvées monter à 10533, d'où il réfulte qu'elles étoient compofées les unes dans les autres de 6 perfonnes $\frac{1}{30}$: 30 feux repréfentoient 180 habitans.

On a compté également les maifons de la ville de Rouen & de fes fauxbourgs, & il s'en eft trouvé 9914 : en divifant le nombre de 63588 habitans par celui des maifons, on trouve qu'elles contenoient en 1762 fix perfonnes $\frac{1}{3}$ $\frac{1}{12}$: 12 maifons renferment, dans cette proportion, foixante dix - fept perfonnes.

Dans ce nombre de 63588 habitans, font compris les

L

Ecclésiastiques des deux sexes, séculiers & réguliers : par le dénombrement qui en a été fait en 1763 , tête par tête, Eglise par Eglise , Communauté par Communauté, & Paroisse par Paroisse, ils se sont trouvés monter à 1759; ce qui fait un 36e $\frac{1}{8}$; sur 289 habitans il y a dans la ville de Rouen & de ses fauxbourgs huit Ecclésiastiques.

En réunissant les habitans de la ville de Rouen & de ses fauxbourgs à ceux de la Généralité , on trouve qu'ils montent à . . . . 744863.

Et les Ecclésiastiques, tant de la Généralité que de la Ville de Rouen, à . . . . 7151.

Les Ecclésiastiques de la Ville & Généralité de Rouen sont par conséquent au total des habitans comme 1 à 104 $\frac{1}{6}$.

Sur 625 habitans , il y a 6 Ecclésiastiques.

Dénombrement des Ecclésiastiques de la ville de Rouen & de ses fauxbourgs en 1763.

ÉNUMERATIONS DES ECCLÉSIASTIQUES.	NOMBRE des Prêtres, Chanoines, Curés, Vicaires, Habitués, &c.	DIACRES, sous-Diacres & Acolytes.	TOTAL.
NOTRE-DAME, *Cathédrale.* 1. Archevêque, 50. Chanoines, 80. Chapelains titulaires, 16. Chapelains de chœur.	147.		147.
SAINT-MACLOU, *Paroisse.* 26. Prêtres, 3. Diacres, 1. Sous-Diacre, 20. Acolytes.	26.	24.	50.
SAINT-GODARD, *Paroisse.* 21. Prêtres, 2. Sous-Diacres, 5. Acolytes.	21.	7.	28.
SAINT-VIVIEN, *Paroisse.* 17. Prêtres, 2. Sous-Diacres, 12. Acolytes.	17.	14.	31.
	211.	45.	256.

ÉNUMÉRATIONS DES ECCLÉSIASTIQUES.	NOMBRE des Prêtres, Chanoines, Curés, Vicaires, Habitués, &c.	DIACRES, Sous-Diacres & Acolytes.	TOTAL.
De l'autre part , ... 211.		45.	256.
SAINTE-CROIX-SAINT-OUEN, *Paroisse.*			
16. Prêtres ,			
1. Diacre , ... 16.		9.	25.
2. Sous-Diacres ,			
6. Acolytes.			
SAINT-LAURENT, *Paroisse.*			
13. Prêtres ,			
1. Sous-Diacre , ... 13.		11.	24.
10. Acolytes.			
SAINT-NICAISE, *Paroisse.*			
13. Prêtres ,			
1. Diacre , ... 13.		9.	22.
2. Sous-Diacres ;			
6. Acolytes.			
SAINT-JEAN, *Paroisse.*			
13. Prêtres ;			
5. Acolytes . . . . 13.		5.	18.
SAINT-LÔ, *Paroisse.*			
12. Prêtres ,			
2. Acolytes . . . . 12.		2.	14.
SAINT-VINCENT, *Paroisse.*			
11 Prêtres ,			
1. Diacre , ... 11.		3.	14.
1. Sous-Diacre ,			
1. Acolyte.			
	289.	84.	373.

ÉNUMÉRATIONS DES ECCLÉSIASTIQUES.	NOMBRE des Prêtres, Chanoines, Curés, Vicaires, Habitués, &c.	DIACRES, sous-Diacres & Acolytes.	TOTAL
Ci-contre, ...	. . . . . 289.	. . . . . 84.	. . . 373.
NOTRE-DAME DE LA RONDE, Collégiale & Paroisse.			
4. Chanoines, 3. Hauts Vicaires, 8. Prêtres habitués, 2. Acolytes.	. . . . 15.	. . . . . 2.	. . . 17.
SAINT-ÉTIENNE-DES-TONNELLIERS, Paroisse.			
9. Prêtres, 1. Diacre, 1. Acolyte.	. . . . 9.	. . . . . 2.	. . . 11.
SAINT-DENIS, Paroisse.			
8. Prêtres, 2. Sous-Dicres, 1. Acolyte.	. . . . 8.	. . . . . 3.	. . . 11.
SAINT-MICHEL, Paroisse.			
9. Prêtres, 1. Diacre, 2. Acolytes.	. . . . 9.	. . . . . 3.	. . . 12.
SAINT-ÉLOI, Paroisse.			
9. Prêtres, 3. Acolytes,	. . . . 9.	. . . . . 3.	. . . 12.
	339.	97.	436.

ÉNUMÉRATIONS DES ECCLÉSIASTIQUES.	NOMBRE des Prêtres, Chanoines, Curés, Vicaires, Habitués, &c.	DIACRES, sous-Diacres & Acolytes.	TOTAL.
De l'autre part, ...	..... 339.	..... 97.	...436.
SAINT-HERBLAND, *Paroisse.*			
7. Prêtres,			
1. Diacre, ...	..... 7.	..... 8.	... 15.
7. Acolytes.			
SAINT-CANDE-LE-JEUNE, *Paroisse.*			
7. Prêtres,			
1. Diacre,			
5. Sous-Diacres, ...	..... 7.	..... 8.	... 15.
2. Acolytes.			
SAINT-ANDRÉ DE LA VILLE, *Paroisse.*			
7. Prêtres,			
1. Acolyte, ...	..... 7.	..... 1.	.... 8.
SAINT-PATRICE, *Paroisse.*			
7. Prêtres,			
4. Acolytes, ...	..... 7.	..... 4.	... 11.
SAINT-PIERRE-DU-CHÂTEL, *Paroisse.*			
6. Prêtres,			
1. Acolyte, ...	..... 6.	..... 1.	.... 7.
SAINT-MARTIN-DU-PONT, *Paroisse.*			
6. Prêtres,			
1. Sous-Diacre, ...	..... 6.	..... 6.	... 12.
5. Acolytes.			
	379.	125.	504.

ÉNUMÉRATIONS DES ECCLÉSIASTIQUES.	NOMBRE. des Prêtres, Chanoines, Curés, Vicaires, Habitués, &c,	DIACRES, sous-Diacres & Acolytes.	TOTAL.
Ci-contre :	..... 379.	..... 125.	... 504.
SAINTE-CROIX-DES-PELLETIERS, *Paroiſſe.*			
6. Prêtres, 1. Sous-Diacre, ... 3. Acolytes.	..... 6.	..... 4.	... 10.
SAINT-SAUVEUR, *Paroiſſe.*			
6. Prêtres, ...	..... 6.	. . . .	.... 6.
SAINT-NICOLAS, *Paroiſſe.*			
6. Prêtres, 3. Acolytes.	.... 6.	..... 3.	.... 9.
SAINT-SEVER. *Paroiſſe.*			
5. Prêtres, 2. Acolytes.	..... 5.	..... 2.	... 7.
SAINT-MARTIN-SUR-RENELLE, *Paroiſſe.*			
7. Prêtres, 3. Acolytes.	..... 7.	..... 3.	... 10.
SAINTE-MARIE-LA-PETITE, *Paroiſſe.*			
4. Prêtres, 2. Acolytes.	.... 4.	..... 2.	.... 6.
	413.	139.	552.

ÉNUMÉRATIONS DES *ECCLÉSIASTIQUES.*	Nombre des Prêtres, Chanoines, Curés, Vicaires, Habitués, &c.	Diacres, sous-Diacres & Acolytes.	Total.
De l'autre part, ...	413.	139.	552.
SAINT-VIGOR, *Paroiffe.*			
4. Prêtres, 1. Acolyte.	4.	1.	5.
SAINT-CANDE-LE-VIEUX, *Collégiale & Paroiffe.*			
3. Chapelains Curés, 3. Prêtres habitués, 3. Acolytes.	6.	3.	9.
SAINT-PIERRE-LE-PORTIER, *Paroiffe.*			
3. Prêtres, 2. Acolytes.	3.	2.	5.
SAINT-PIERRE-L'HONORÉ, *Paroiffe.*			
4. Prêtres, 3. Sous-Diacres, 1. Acolyte.	4.	4.	8.
SAINT-AMAND, *Paroiffe.*			
3. Prêtres, 1. Diacre.	3.	1.	4.
SAINT-GERVAIS, *Paroiffe.*			
3. Prêtres, 1. Acolyte.	3.	1.	4.
	436.	151.	587.

ÉNUMÉRATIONS DES ECCLÉSSIASTIQUES.	NOMBRE des Prêtres, Chanoines, Curés, Vicaires, Habitués, &c.	DIACRES, fous-Diacres & Acolytes.	TOTAL.
Ci-contre, ...	..... 436.	...... 151.	... 587.
SAINT-SÉPULCHRE, Collégiale.			
3. Chapelains.	..... 3.	....	... 3.
SAINT-ÉTIENNE-LA-GRANDE-ÉGLISE, Paroiſſe.			
2. Prêtres, 2. Acolytes.	..... 2.	...... 2.	... 4.
SAINT-ANDRÉ-PORTE-COCHOISE, Paroiſſe.			
2. Prêtres, 1. Acolyte.	..... 2.	...... 1.	... 3.
SAINT-PAUL, Paroiſſe.			
2. Prêtres.	..... 2.	....	... 2.
SAINT-HILAIRE, Paroiſſe.			
2. Prêtres.	..... 2.	....	... 2.
SAINT-GILLE-DE-REPAINVILLE, Annexe de Saint-Hilaire.			
1. Vicaire.	..... 1.	....	... 1.
TOTAL des 39 Cathédrales, Collégiales & Paroiſſes, ...	448.	154.	602.

M

ÉNUMÉRATIONS DES ECCLÉSIASTIQUES.	PRÊTRES & Supérieurs des Séminaires.	DIACRES, Sous-Diacres, Acolytes, Étudians dans les Séminaires, & personnes attachées aux Séminaires.	TOTAL.
SÉMINAIRES.			
SAINT-VIVIEN.			
8. Supérieurs,			
5. Frères-donnés,	8.	37.	45.
32. Etudians.			
SAINT-NICAISE.			
9. Supérieurs,			
9. Sous-Diacres,	9.	114.	123.
13. Acolytes,			
92. Etudians.			
SAINT-LOUIS.			
1. Supérieur,			
15. Prêtres,	16.	1.	17.
1. Diacre.			
JOYEUSE.			
4. Supérieurs,			
2. Diacres,	4.	6.	10.
1. Sous-Diacre,			
3. Acolytes.			
TOTAL des quatre Séminaires,	37.	158.	195.
HÔPITAL-GÉNÉRAL.			
6. Prêtres.	6.		6.
COLLÉGE-ROYAL.			
1. Principal,			
10. Professeurs,			12.
1. Sous-Principal.			

ÉNUMÉRATIONS DES ECCLÉSIASTIQUES.	RELIGIEUX Profés.	NOVICES.	FRÈRES.	TOTAL.
COMMUNAUTÉS *Religieuses d'Hommes.*				
SAINT-LÔ.				
6. Chanoines réguliers	6.			6.
L'HÔTEL-DIEU,				
10. Chanoines réguliers.	10.			10.
ABBAYE DE SAINT-OUEN.				
14. Religieux Profés Prêtres ,				
1. Sous-Diacre , ...	24.			24.
9. Profés,				
LA CHARTREUSE.				
10. Religieux Prêtres ,	10.		2.	12.
1. Frères.				
BÉNÉDICTINS *de Bonne-Nouvelle.*				
7. Religieux Prêtres	7.			7.
SAINT-ANTOINE.				
4. Religieux Prêtres.	4.			4.
GRAMMONT.				
9. Religieux Prêtres ,	9.		1.	10.
1. Frère.				
JACOBINS.				
12. Religieux Prêtres ,	12.		2.	14.
2. Profés.				
	82.		5.	87.

ÉNUMÉRATIONS DES ECCLÉSIASTIQUES.	RELIGIEUX Profès.	NOVICES.	FRÈRES.	TOTAL.
De l'autre part, ci	.... 82.	....	.... 5.	... 87.
CARMES.				
21. Religieux Prêtres ou Acolytes, } 6. Frères.	... 21.	....	... 6.	... 27.
AUGUSTINS.				
12. Religieux Prêtres, } 2. Frères.	.... 12.	....	.... 2.	... 14.
CÉLESTINS.				
6. Religieux Prêtres.	.... 6.	....		... 6.
CAPUCINS.				
22. Religieux Prêtres, 1. Diacre, ... } 8. Frères.	.... 23.	....	.... 8.	... 31.
MINIMES.				
7. Religieux Prêtres, 2. Acolytes, ... } 1. Frère.	.... 9.	....	... 1.	... 10.
PÉNITENS, *Tiers-Ordre de Saint-François.*				
11. Religieux Prêtres, 10. Novices, ... } 5. Frères.	... 11.	.... 10.	... 5.	... 26.
FEUILLANS.				
4. Religieux Prêtres.	.... 4.	....	....	... 4.
ORATORIENS.				
5. Prêtres, ... } 1. Sous-Diacre.	... 6.	....	....	... 6.
	174.	10.	27.	211.

ÉNUMÉRATIONS DES ECCLÉSIASTIQUES.	RELIGIEUX Profès.	NOVICES.	FRÈRES.	TOTAL.
Ci-contre, ...	174.	.... 10.	.... 27.	...211.
RECOLLETS.				
13. Prêtres,				
9. Etudians, ... }	.... 22.	....	.... 7.	... 29.
7. Frères,				
CARMES-DES-CHAUSSÉES.				
16. Prêtres ,				
3. Profès,				
4. Novices , ... }	.... 19.	.... 4.	.... 7.	... 30.
7. Frères,				
AUGUSTINS RÉFORMÉS.				
7. Prêtres,				
1. Frère. . . . . }	.... 7.	....	.... 1.	.... 8.
MATHURINS.				
5. Religieux Prêtres..	.... 5.	....	....	... 5.
FRÈRES DE SAINT-YON.				
42. Profès ,				
44. Novices , ... }	.... 42.	.... 44.	... 10.	...96.
10. Frères.				
CORDELIERS.				
20. Religieux Profès Prêtres,				
19. Profès non Prêtres , ... }	.... 39.	....	... 10.	... 49.
10. Frères.				
TOTAL des Communautés Relig. d'hommes,	308.	58.	62.	428.

ÉNUMÉRATIONS DES ECCLÉSIASTIQUES.	Religieuses Professes.	Novices.	Sœurs Converses.	Total.
COMMUNAUTÉS *Religieuses de Femmes.*				
SAINT-AMAND. 30. Religieuses Professes, 3. Novices, 16. Sœurs.	30.	3.	16.	49.
SAINT-LOUIS. 22. Religieuses Professes, 8. Sœurs.	22.		8.	30.
LES ÉMURÉS. 24. Religieuses Professes, 5 Sœurs.	24.		5.	29.
LES FILLES-DIEU. 12. Religieuses Professes, 4. Novices.	12.	4.		16.
SAINTE-CLAIRE. 25. Religieuses Professes, 3. Novices.	25.	3.		28.
CARMÉLITES. 24. Religieuses Professes, 4. Sœurs.	24.		4.	28.
URSULINES. 25. Religieuses Professes, 2. Novices, 7. Sœurs.	25.	2.	7.	34.
	162.	12.	0.	214.

ÉNUMÉRATIONS DES ECCLÉSIASTIQUES.	Religieuses Professes.	Novices.	Sœurs Converses.	Total.
Ci-contre, ...	. . . 162.	. . . 12.	. . . 40.	. . . 214.
SAINTE-MARIE, premier Monastère.				
33. Religieuses Professes, 1. Novice, ... 10. Sœurs.	. . . 33.	. . . 1.	. . . 10.	. . . 44.
SAINTE-MARIE, second Monastère.				
35. Religieuses Professes, 9. Sœurs.	. . . 35.	. . . .	. . . 9.	. . . 44.
LE RÉFUGE.				
14. Religieuses Professes, 2. Novices, ... 5. Sœurs.	. . . 14.	. . . 2.	. . . 5.	. . . 21.
FILLES DE SAINT-JOSEPH.				
19. Religieuses Professes, 1. Novice, ... 2. Sœurs.	. . . 19.	. . . 1.	. . . 2.	. . . 22.
BELFOND.				
15. Religieuses Professes, 2. Novices, ... 8. Sœurs.	. . . 15.	. . . 2.	. . . 8.	. . . 25.
LES GRAVELINES.				
38. Religieuses Professes.	. . . 38.	. . . .	. . . .	. . . 38.
	316.	18.	74.	408.

ÉNUMÉRATIONS DES ECCLÉSIASTIQUES.	Religieuses Professes.	Novices.	Sœurs Converses.	Total.
De l'autre part, ...	... 316.	... 18.	... 74.	...408.
LES ANNONCIADES.				
25. Religieuses Professes, 8. Sœurs.	... 25.		... 8.	.... 33.
LES FILLES DE S.T FRANÇOIS.				
23. Religieuses Professes, 3. Novices, ... 7. Sœurs.	... 23.	... 3.	... 7.	.... 33.
LES JACOBINES.				
1. Religieuse, ... 1. Novice.	... 1.	... 1.		... 2.
LES FILLES DU S.T SACREMENT.				
9. Religieuses Professes, 4. Novices, ... 2. Sœurs.	... 9.	... 4.	... 2.	... 15.
HÔTEL-DIEU.				
32. Religieuses Professes, ... 5. Novices.	... 32.	... 5.		... 37.
TOTAL des Communautés Relig. de Femmes,	406.	31.	91.	528.

RÉCAPITULATION.

RÉCAPITULATION.

1. Cathédrale, ... ; . 147 ⎫
38. Églises, dont 36 Paroisses, une
    Collégiale & une annexe , . . . 455 ⎪
4. Séminaires, ... 195 ⎪
2. Hôpitaux ; les Chanoines régu-
    liers de l'Hôtel-Dieu sont com- ⎬ 1231.
    pris ici , ... 16 ⎪
21. Communautés Religieuses d'hom-
    mes , non - compris les Cha-
    noines réguliers de l'Hôtel-
    Dieu, compris aux Hôpitaux, 418 ⎭

18. Communautés Relig. de femmes,
    y compris les Religieuses de
    l'Hôtel-Dieu , ... 528.

84.   TOTAL, ... 1759.

OBSERVATIONS.

Indépendament de ces 1759 Ecclésiastiques, il y a à Rouen six établissemens de Piété, dont on n'a pas fait mention dans le Dénombrement qu'on vient de rapporter, parce que les personnes qui composent ces six Communautés ne font pas de vœux, ou n'en font que de simples, qui ne les lient qu'autant qu'elles le veulent bien : ces six établissemens consistent,

LES DAMES. DE L'HÔPITAL.

28. Dames.

LES FILLES DE LA PROVIDENCE.

20. Filles de la Providence.

NOUVELLES CATHOLIQUES.

11. Nouvelles Catholiques.

25. Filles du Bon-Pasteur.

119. Filles d'Ernemont.

18. Filles de la rue Coupe-Gorge.

221.

Dans le dénombrement des Ecclésiastiques de la ville de Rouen, ne sont pas compris les Jésuites, ils n'y existoient plus lorsqu'il a été fait. Avant les Arrêts du Parlement, il y en avoit trente dans le Collége, le Séminaire de Joyeuse & dans la maison du Noviciat.

ÉTAT

DE LA POPULATION

DE LA VILLE DE ROUEN

ET

DE SES FAUXBOURGS

EN 1700,

COMPARÉE À CE QU'ELLE ÉTOIT

EN 1762.

EN comparant les naiſſances, mariages & morts de la ville de Rouen & de ſes fauxbourgs de 1690 juſques & compris 1699, avec les naiſſances, mariages & morts de 1752 juſques & compris 1761, on acquérera la preuve la plus complette de l'augmentation ou de la diminution qui a eu lieu dans la population de la ville Rouen & de ſes fauxbourgs depuis le commencement de ce ſiècle.

Comparaison des baptêmes, mariages & morts de la ville de Rouen & de ses fauxbourgs, depuis l'année 1690 jusques & compris 1699, avec les naissances, mariages & morts de 1752 jusques & compris 1761

PAROISSES.	NAISSANCES		MARIAGES		MORTS	
	de 1690 à 1700	de 1752 à 1762	de 1690 à 1700	de 1752 à 1762	de 1690 à 1700	de 1752 à 1762
SAINT-MACLOU.	5131	5224	1082	1315	5291	4113
SAINT-VIVIEN.	3460	3343	788	846	3496	2781
SAINT-SEVER.	852	1486	251	317	920	1031
SAINT-GERVAIS.	812	1305	209	244	937	711
SAINT-NICAISE.	804	1110	200	307	911	970
SAINT-GODARD.	1422	1064	353	422	1287	859
SAINTE-CROIX-SAINT-OUEN.	1070	682	240	204	853	569
SAINT-ÉLOI.	806	620	197	204	663	601
SAINT-PAUL.	400	605	78	138	414	411
SAINT-MARTIN-SUR-RENELLE.	580	569	147	147	513	387
SAINT-LAURENT.	739	511	199	168	612	478
SAINT-PATRICE.	412	442	146	128	473	382
SAINT-PIERRE-L'HONORÉ.	399	437	96	80	395	251
SAINT-JEAN.	674	422	144	137	506	278
SAINT-MARTIN-DU-PONT.	585	376	125	108	403	272
SAINT-DENIS.	432	357	104	103	382	235
SAINT-LÔ.	653	354	143	112	519	358
SAINT-VINCENT.	574	352	126	166	393	362
NOTRE-DAME DE LA RONDE.	422	298	75	77	271	225
SAINT-ÉTIENNE-DES-TONNELLIERS.	315	288	64	89	264	235
SAINT-CANDE-LE-VIEUX.	401	288	90	94	349	234
SAINT-VIGOR.	376	268	109	78	320	212
SAINT-MICHEL.	368	247	100	93	342	223
SAINTE-CROIX-DES-PELLETIERS.	250	224	76	74	224	198
SAINT-HILAIRE.	193	208	45	46	227	133
SAINT-ÉTIENNE-LA-GRANDE-ÉGLISE.	249	201	78	73	165	124
SAINT-SAUVEUR.	414	205	143	69	299	182
SAINT-NICOLAS.	252	187	72	56	210	149
SAINT-ANDRÉ-HORS-COCHOISE.	174	187	61	59	169	140
SAINTE-MARIE-LA-PETITE.	196	150	46	53	180	156
SAINT-HERBLAND.	207	143	43	41	152	84
SAINT-CANDE-LE-JEUNE.	238	127	57	41	174	116
SAINT-PIERRE-LE-PORTIER.	155	118	43	60	154	91
SAINT-ANDRÉ.	146	124	38	41	111	83
SAINT-AMAND.	184	99	41	28	126	80
SAINT-PIERRE-DU-CHATEL.	147	90	54	54	126	110
	24492	22709	5863	6272	22831	17824

L'année commune des naiſſances de 1690 à 1700 étoit de 2449, qui, multiplié par 28, donne 68572 habitans qui exiſtoient à Rouen en 1700; & comme il n'en exiſtoit en 1762 que 63588, il en réſulte une diminution de plus d'un treizième.

Les mariages de 1690 à 1700 ont produit, les uns dans les autres 4 enfans $\frac{1}{8} \frac{1}{16}$; 48 mariages ont donné 201 enfans.

Les mariages de 1752 à 1762 ont produit, les uns dans les autres, 3 enfans $\frac{1}{2} \frac{1}{8} \frac{1}{32}$; 48 mariages ont donné 175 enfans $\frac{1}{2}$.

Par conſéquent les mariages de cette époque ſont moins féconds que ceux de la première d'environ un ſeptième.

Les morts de 1690 à 1700 ſont ſupérieurs à ceux de 1752 à 1762 de 5007; d'où il réſulte que les dix années de 1752 à 1762 ont été moins mortelles d'environ un cinquième que celles de 1690 à 1700, ce qu'on doit attribuer aux maladies épidémiques de 1693 & 1694.

Les morts & les baptêmes de l'Hôtel-Dieu de la ville de Rouen, ainſi que les morts de l'Hôpital-général, ne ſont pas compris dans la Table précédente; mais comme cette omiſſion eſt commune aux deux époques; la comparaiſon n'en eſt pas moins exacte, puiſque ces Hôpitaux exiſtoient en 1700, & que les citoyens de Rouen & les étrangers en retiroient les mêmes ſecours.

COMPARAISONS

DE

LA POPULATION

DES

GÉNÉRALITÉS D'AUVERGNE,

DE LYON ET DE ROUEN.

POUR remplir d'une manière curieuse & satisfaisante l'objet qu'on s'est proposé, il est nécessaire d'entrer dans les plus grands détails, & de former plusieurs comparaisons ; la première servira à constater laquelle de ces trois Généralités renferme la population la plus nombreuse par rapport à l'étendue du terrain.

La seconde, quelle est celle où les Villes, Bourgs & Paroisses sont les plus peuplés.

La troifième, quelle eft celle où l'on fe marie le plus.

La quatrième, quelle eft celle où les mariages font les plus féconds.

La cinquième, quelle eft celle où les naiffances font les plus nombreufes, par proportion au nombre des habitans.

La fixième, quelles font les proportions qui exiftent entre chaque claffe d'habitans.

La feptième comparaifon fera connoître dans laquelle des trois Généralités la population eft le plus augmentée depuis la fin du dernier fiècle.

Mais avant de former toutes ces comparaifons, qui doivent faire connoître les avantages & les défavantages de ces trois provinces comparées entre elles, par rapport à la population, on expofera ce qu'on croit caractérifer une population florif-fante.

On peut confidérer la population, 1.º par rapport au nombre des habitans; 2.º par rapport aux proportions qui exiftent entre les différentes claffes d'habitans qui compofent la population d'une province; 3.'' enfin, par rapport à ce qui peut contribuer à entretenir ou à détruire la population : & c'eft fous ces différens points de vue qu'on va examiner ce qui ca-ractérife une population floriffante.

On ne peut décider qu'une population eft nombreufe, qu'en la confidérant relativement à l'étendue du terrain qu'elle occupe; par conféquent, plus une province contient d'habi-tans par lieue, plus fa population eft nombreufe & plus elle eft floriffante.

Les habitans fe divifent par fexe, par âge, & par état. En général, il naît plus de mâles que de femelles; mais les armées de terre & de mer, & le commerce maritime enlè-vent un grand nombre d'hommes; l'efpèce mâle eft d'ailleurs expofée à des fatigues & à des métiers qui en abrègent la vie, & dont les femmes font exemptes par le genre de leur occupation, & c'eft par ces raifons que le nombre des mâles en général eft inférieur à celui des femelles, tant dans les villes que dans les campagnes.

Mais comme il feroit à defirer, pour l'accroiffement de la population, que les mâles & les femelles fuffent égaux en nombre, on peut dire que plus le nombre des mâles eft approchant de celui des femelles, plus la population eft floriffante.

On peut divifer les habitans d'une province en 5 claffes :

SÇAVOIR,

1.re Les hommes mariés ou veufs, & les femmes mariées ou veuves.

2. Les garçons & filles au-deffus de 14 ans.

3. Les garçons & filles de 14 ans & au-deffous.

4. Les domeftiques mâles & les domeftiques femelles.

5. Les eccléfiaftiques mâles & les eccléfiaftiques femelles.

Les hommes mariés ou veufs & les femmes mariées ou veuves, ne paroiffent former dans la fociété qu'un feul ordre de citoyens. Mais comme la mortalité des hommes eft plus grande que celle des femmes, il y a en général plus de veuves que de veufs.

Les garçons & les filles au-deffus de 14 ans, forment la claffe des citoyens la plus près de l'état de mariage & des profeffions utiles. L'uniformité de nombre entre les uns & les autres eft néceffaire pour rendre la population floriffante.

Les garçons & les filles de 14 ans & au-deffous, paffent infenfiblement dans la claffe précédente, & y remplacent ceux que le mariage en fait fortir,

Comme

Comme l'espèce des mâles est moins nombreuse au-dessus de 14 ans que celle des femelles, & que la consommation des hommes est plus considérable que celle des femmes, par les raisons qu'on a alleguées précédemment ; on peut dire que plus le nombre des mâles de 14 ans & au-dessous est supérieur à celui des femelles du même âge, plus la population est florissante.

L'état de domesticité dans les Villes est en général nuisible à la population ; le plus grand nombre de ceux qui y vivent, restent dans le célibat, sont des bras inutiles à l'Agriculture, aux Manufactures, au Commerce : les domestiques de la campagne sont à la vérité dans un cas différent, puisqu'ils aident leurs maîtres à la culture des terres ; mais le plus grand nombre d'entre eux vit dans le célibat : par conséquent moins les domestiques sont nombreux, plus il y a d'avantage pour la population.

L'état ecclésiastique est sans doute nécessaire, mais il sera toujours avantageux à la population qu'il soit le moins nombreux possible ; par conséquent moins une province a d'ecclésiastiques plus la population doit y être florissante.

La population se soutient & s'accroît par le moyen des naissances. Les mariages produisent les naissances ; les mariages & les naissances influent donc essentiellement sur la population. Pour connoître les avantages ou les désavantages d'une province par rapport à la population, il faut examiner le nombre des mariages & leur fécondité : s'ils sont nombreux, il y aura peu de célibataires ; & s'ils sont féconds, ils donneront beaucoup de naissances : par conséquent le grand nombre de mariages & leur fécondité est une marque certaine que la population est florissante.

La Providence en donnant à l'espèce humaine les moyens

O

de ſe multiplier & de ſe perpétuer, a aſſujetti les hommes à
la deſtruction: cette deſtruction a ſans doute ſes loix; il n'y
a que la connoiſſance de la durée de la vie moyenne des
hommes qui puiſſe les faire connoître. Il y a lieu de croire que
la deſtruction de l'eſpèce humaine eſt proportionnée aux
moyens qu'elle a de ſe multiplier; s'il en étoit autrement, la
population dépériroit ou ſe multiplieroit trop; mais tant qu'on
ignorera 1.º la durée de la vie moyenne des hommes; 2.º ſi
cette vie moyenne eſt la même pour les hommes de tous les
climats, il reſtera toujours quelque choſe à deſirer ſur la population; & cette connoiſſance eſt abſolument néceſſaire pour
fixer un jugement certain ſur les avantages & les déſavanta-
ges de la population d'une province, comparée à la population
d'une autre province. Tout ce qui doit conſtater une vérité
exige les recherches les plus exactes & les plus étendues. Peu
de perſonnes ſe ſont occupées de celle dont il s'agit ici, &
quelques unes ſont tombées dans de grandes erreurs : on ſe
ſervira des recherches qu'on a faites ſur cet objet dans les
Généralités de Lyon & de Rouen pour acquérir la connoiſſance de la vie moyenne des hommes de ces deux provinces,
& des périodes les plus ſujettes à la mortalité.

On pourroit ſuppléer en quelque ſorte à la connoiſſance
de la durée de la vie moyenne des hommes, par la comparaiſon
des morts d'une province aux habitans qu'elle renferme; mais
le défaut d'exactitude des Curés de la province d'Auvergne &
de la Généralité de Lyon, a déterminé de ſupprimer dans cet
Ouvrage la recherche qu'on avoit faite des morts de ces deux
Généralités, & empêche par conſéquent la comparaiſon du
nombre des morts à celui des habitans. Ce défaut d'exactitude des Curés eſt d'autant plus fâcheux, que cette comparaï-
ſon auroit donné de grandes lumières pour connoître dans

quel espace de temps la population de ces trois Généralités se détruit & se renouvelle. Il est certain que la province où il meurt une personne sur vingt - huit , a le désavantage sur celle où il n'en meurt qu'une sur trente.

On peut ajouter qu'une population est florissante, lorsqu'en comparant son état actuel à ce qu'elle étoit dans une époque éloignée, elle se trouve augmentée.

PREMIÈRE COMPARAISON

*Pour conſtater laquelle des Généralités d'Auvergne,
de Lyon & de Rouen, renferme la population la
plus nombreuſe par rapport à l'étendue du terrain,
ſans y comprendre la population des villes de
Lyon & de Rouen.*

Pour conſtater laquelle des Généralités d'Auvergne, de
Lyon, & de Rouen, renferme la population la plus nombreuſe, par rapport à l'étendue du terrain, il faudroit connoître la véritable étendue de ces trois Généralités ; mais on
ne pourra avoir cette connoiſſance exacte, que lorſque les nouvelles cartes de la France feront levées: celle de la Généralité
de Lyon ne l'eſt qu'en partie ; celle de la Généralité d'Auvergne manque entièrement, & on n'a que celle de la Généralité de Rouen: les cartes anciennes des provinces ne ſont
pas aſſez exactes, pour qu'on puiſſe faire uſage de celles des
Généralités d'Auvergne & de Lyon ; la comparaiſon ſeroit
certainement défectueuſe : on ſe contentera' donc, en atten-
dant que les nouvelles cartes ſoient levées, de déterminer combien la Généralité de Rouen contient d'habitans par lieue,
& de former, par la connoiſſance qu'on a de l'étendue des deux
autres Généralités, des conjectures qui feront connoître à-peu-
près laquelle des trois Généralités eſt la plus peuplée, pro-
portionnellement à l'étendue du terrain.

Suivant les cartes de M. Caſſini, la Généralité de Rouen
contient 548 lieues quarrées de 2400 toiſes. Les habitans de

la Généralité de Rouen, fans y comprendre ceux de la ville de Rouen, font au nombre de 689437, ce qui fait par lieue quarrée environ 1258 habitans.

Suivant différens calculs qui ont été faits fur les anciennes Cartes de la Généralité de Lyon, elle contient 498 lieues quarrées, de 2400 toifes par lieue. Les habitans de la Généralité de Lyon, fans y comprendre ceux de la ville, montent à 431400, ce qui fait par lieue quarrée environ 866 habitans.

Par femblables calculs qui ont été faits fur les anciennes Cartes de la province d'Auvergne, cette Généralité contient 961 lieues quarrées, de 2400 toifes & 615100 habitans, ce qui fait par lieue quarrée 640.

Il réfulte de cette comparaifon que la Généralité de Rouen eft beaucoup plus peuplée que celles de Lyon & d'Auvergne, & que la Généralité d'Auvergne eft la moins peuplée des trois.

En prenant le terme moyen des habitans, par lieues quarrées de ces trois Généralités, on trouvera qu'il y en a 864 par lieues quarrées.

II.de COMPARAISON.

Pour conftater dans laquelle des trois Généralités d'Auvergne, de Lyon & de Rouen, les Villes, Bourgs, Paroiffes & Communautés, prifes les unes dans les autres, font les plus peuplées.

Pour rendre cette comparaifon auffi exacte qu'elle peut l'être, on a fait diftraction des villes de Lyon & de Rouen, parce qu'il n'y en a point en Auvergne qui puiffe leur être comparée. Mais au moyen de cette diftraction, on a établi une efpèce d'égalité entre ces trois Généralités; en effet, il y a dans chacune plufieurs Villes dont la population eft à-peu-près la même; dans la Généralité d'Auvergne, les villes de Clermont-Ferrand, de Riom, Aurillac, &c. Dans la Généralité de Lyon, les villes de Saint-Etienne, Montbrifon, Ville-Franche, &c. Dans la Généralité de Rouen, les villes de Dieppe, du Havre, d'Honfleur, &c.

La Généralité d'Auvergne eft compofée de 987 Villes, Bourgs, Paroiffes & Communautés, dont les rôles d'impofition font féparés.

Le nombre de fes habitans eft de 615100: chaques Villes, Bourgs, Paroiffes & Communautés, contiennent, les unes dans les autres, 623 habitans de tout fexe, de tout âge, de tout état & de toute condition. . . . . 623 habitans.

La Généralité de Lyon, fans y comprendre la Ville, eft compofée de 751 Villes, Bourgs, Paroiffes & Communautés, dont les rôles d'impofition font féparés.

Le nombre de ſes habitans eſt de 431400 : chaques Villes, Bourgs, Paroiſſes & Communautés, contiennent, les unes dans les autres, ... 574 habitans.

La Généralité de Rouen, ſans y comprendre la Ville, eſt compoſée de 1885 Villes, Bourgs, Paroiſſes & Communautés, dont les rôles d'impoſition ſont ſéparés.

Le nombre de ſes habitans eſt de 689437 : chaques Villes, Bourgs, Paroiſſes & Communautés, contiennent, les unes dans les autres, ... 366 habitans

Il réſulte de cette comparaiſon que les Villes, Bourgs, Paroiſſes & Communautés de la Généralité d'Auvergne, priſes les unes dans les autres, renferment une population plus nombreuſe que les Villes, Bourgs, Paroiſſes & Communautés de la Généralité de Lyon ; & que les Villes, Bourgs, Paroiſſes & Communautés de la Généralité de Lyon ſont encore plus peuplées que celles de la Généralité de Rouen, qui le ſont beaucoup moins que celles de la Généralité d'Auvergne : en réuniſſant toutes les Villes, Bourgs, Paroiſſes & Communautés de ces trois Généralités & le nombre de leurs habitans, ſans y comprendre cependant les villes de Lyon & de Rouen, on trouve 3623 Villes, Bourgs, Paroiſſes & Communautés, & 1735937 habitans ; ce qui donne pour chaques Villes, Bourgs, Paroiſſes & Communautés, priſes les unes dans les autres, le nombre moyen de 479 habitans.

III.me COMPARAISON

Pour conſtater dans laquelle des trois Généralités d'Auvergne, de Lyon & de Rouen, il ſe fait le plus de mariages, ſans y comprendre les villes de Lyon & de Rouen.

POUR conſtater dans laquelle des trois Généralités d'Auvergne, de Lyon & de Rouen, il ſe fait le plus de mariages, il ſuffit de rapporter les proportions qui ſe ſont trouvées exiſter entre les nombres des habitans & celui des mariages de ces trois Généralités.

Dans la Généralité d'Auvergne, la proportion des mariages aux habitans, eſt comme 1 à 114 ; ſur 114 perſonnes, il ſe fait 1 mariage année commune. 114 habitans donnent 1 mariage, année commune.

Dans la Généralité de Lyon, ſans y comprendre la Ville, la proportion des mariages aux habitans, eſt comme 1 à 111 ; ſur 111 perſonnes, il ſe fait un mariage, année commune. 111 habitans donnent 1 mariage, année commune.

Dans la Généralité de Rouen, ſans y comprendre la Ville, la proportion des mariages aux habitans, eſt comme 1 à 113 ;

ſur

sur 113 perfonnes, il fe fait un
mariage, année commune... 113 habitans donnent 1 mariage, année commune.

La Généralité de Lyon eft celle où il fe fait le plus de mariages ; la Généralité d'Auvergne où il s'en fait le moins ; & la Généralité de Rouen tient à-peu-près le milieu entre les deux autres.

La proportion moyenne, entre les mariages & les habitans de ces trois Généralités, eft comme 1 à 112 un tiers ; mais la différence eft fi petite entre cette proportion commune & la proportion particulière à chacune de ces Généralités, qu'on peut préfumer de cette efpèce d'égalité, que par-tout la proportion des mariages aux habitans eft comme 3 à 337 ; c'eft-à-dire, qu'en général, fur 337 habitans de tout âge, il fe fait trois mariages, année commune.

P

IV.ᵐᵉ COMPARAISON

Pour conftater dans laquelle des trois Généralités, d'Auvergne, de Lyon & de Rouen, les mariages rendent le plus d'enfans, fans y comprendre les villes de Lyon & de Rouen.

POUR conftater dans laquelle des trois Généralités d'Auvergne, de Lyon & de Rouen, les mariages font les plus féconds, on va rapporter les proportions qui fe font trouvées exifter entre le nombre des mariages & celui des naiffances de ces trois Généralités.

Dans la Généralité d'Auvergne, 16 mariages ont produit 72 naiffances ½. . . . . 16 mariages ont produit 72 naiffances ½.

Dans la Généralité de Lyon. . . . 16 mariages ont produit 75 naiffances.

Dans la Généralité de Rouen. . . . . 16 mariages ont produit 64 naiffances.

La Généralité de Lyon eft celle où les mariages font les plus féconds, celle d'Auvergne vient enfuite, & la Généralité de Rouen eft celle où les mariages rendent le moins d'enfans.

La proportion moyenne des mariages aux naiffances de ces trois Généralités eft de 16 à 70 ½.

Vme COMPARAISON

Pour conftater dans laquelle des trois Généralités d'Auvergne, de Lyon & de Rouen, les naiffances font plus nombreufes par proportion au nombre des habitans, fans y comprendre les villes de Lyon & de Rouen.

Pour conftater dans laquelle des trois Généralités d'Auvergne, de Lyon & Rouen, les naiffances font les plus nombreufes par proportion au nombre des habitans, on rapportera le nombre proportionnel qui s'eft trouvé exifter entre l'année commune des naiffances, & le nombre des habitans de ces trois Généralités.

Dans la Généralité d'Auvergne, le nombre proportionnel entre l'année commune des naiffances & le nombre des habitans, s'eft trouvé être comme 1 à 25 ; c'eft-à-dire, que 25 habitans ont donné une naiffance, année commune. . . . . . . 25 habitans ont donné une naiffance, année commune.

Dans la Généralité de Lyon. . . 24 habitans ont donné une naiffance, année commune.

Dans la Généralité de Rouen... 27 habitans $\frac{1}{2} \frac{1}{20}$ ont donné une naiffance, année commune.

La Généralité de Lyon eft celle où les habitans ont produit le plus de naiffances.

Dans la Généralité d'Auvergne, les habitans en ont produit un peu moins que dans celle de Lyon.

Et dans la Généralité de Rouen, les habitans ont produit beaucoup moins de naissances que dans les deux autres.

La proportion moyenne entre les naissances & le nombre des habitans de ces trois Généralités, est comme 1 à 25 $\frac{1}{2}$; 51 habitans de tout âge & de tout sexe produisent 2 naissances.

VIme COMPARAISON

Des proportions qui se sont trouvées exister entre chaque classe des habitans des Généralités d'Auvergne, de Lyon & de Rouen.

On divisera cet article en plusieurs comparaisons, lesquelles donneront de grandes connoissances sur la population en général ; feront connoître l'importance des dénombremens, & apprendront, d'une manière assez exacte, ce qu'on a ignoré jusqu'à présent ; c'est-à-dire, les proportions qui existent entre les habitans des deux sexes & de différens âges.

Ire COMPARAISON.

Proportion des mâles de tout âge aux femelles de tout âge.

Dans la province d'Auvergne, pour 545 mâles il y a 557 femelles.

Dans la Généralité de Lyon, pour 545 mâles il y a 578 femelles $\frac{1}{2}$.

Dans la Généralité de Rouen, pour 545 mâles il y a 594 femelles.

Dans la Généralité de Rouen, les femelles sont plus nombreuses que dans les deux autres.

La proportion moyenne entre les mâles & les femelles de tout âge de ces trois Généralités, est comme 545 à 476 $\frac{1}{3}$ $\frac{1}{6}$.

I I.ᵐᵉ C O M P A R A I S O N.

Proportion des hommes mariés ou veufs au total des habitans.

Dans la province d'Au-
vergne, fur . . . . 631 habitans il y a 125 hommes mariés ou veufs.
Dans la Généralité de
Lyon, fur . . . . 631 habitans il y a 124 hommes mariés ou veufs.
Dans la Généralité de
Rouen, fur . . . . 631 habitans il y a 128 $\frac{1}{3}$ hommes mariés ou veufs.

Les hommes mariés ou
veufs, font plus nombreux
dans la Généralité de
Rouen que dans les deux
autres.

La proportion moyenne, entre les habitans & les hommes
mariés ou veufs de ces trois Généralités, eft de 631 à 125 $\frac{2}{3}$ $\frac{1}{3}$.

LII.ᵐᵉ C O M P A R A I S O N.

Proportion des garçons au-deffus de 14 ans au total des habitans.

Dans la province d'Au-
vergne, fur . . . . 1357 habitans il y a 128 garç. au-deff. de 14 ans.
Dans la Généralité de
Lyon, fur . . . . 1357 habitans il y a 114 $\frac{2}{3}$ garç. au-deff. de 14 ans.
Dans la Généralité de
Rouen, fur . . . . 1357 habitans il y a 126 $\frac{2}{3}$ garç. au-deff. de 14 ans.

Les garçons au-deffus
de 14 ans, font plus nom-
breux dans la Généralité
d'Auvergne que dans les
deux autres.

La proportion moyenne entre les garçons au-deffus de 14 ans
& le total des habitans de ces trois Généralités, eft de 1357
à 123 $\frac{1}{3}$.

IV.me COMPARAISON.

Proportion des garçons de 14 ans & au-deſſous , au total des habitans.

Dans la province d'Auvergne, ſur . . . . 379 habit. il y a 60 garç. de 14 ans & au-deſſous.

Dans la Généralité de Lyon , ſur . . . . 379 habit. il y a 61 garç. de 14 ans & au-deſſous.

Dans la Généralité de Rouen , ſur . . . . 379 habit. il y a 53 garç. de 14 ans & au-deſſous.

Les garçons de 14 ans & au-deſſous , ſont plus nombreux dans la Généralité de Lyon que dans les deux autres.

La proportion moyenne , entre le total des habitans , & les garçons de 14 ans & au-deſſous , eſt comme 379 à 58.

V.me COMPARAISON.

Proportion des domeſtiques mâles , au total des habitans.

Dans la province d'Auvergne , ſur . . . . 1535 habitans il y a 67 domeſtiques mâles.

Dans la Généralité de Lyon , ſur . . . . 1535 habitans il y a 66 domeſtiques mâles.

Dans la Généralité de Rouen , ſur . . . . 1535 habitans il y a 64 domeſtiques mâles.

Les domeſtiques mâles ſont plus nombreux dans la Généralité d'Auvergne que dans les deux autres.

La proportion moyenne , entre les habitans & les domeſtiques mâles de ces trois Généralités , eſt comme 1535 à 65 $\frac{2}{3}$ $\frac{1}{27}$.

VI.me COMPARAISON.

Proportion des femmes mariées ou veuves, au total des habitans.

Dans la province d'Au-
vergne, fur . . . . 631 habit. il y a 138 femmes mariées ou veuves.

Dans la Généralité de
Lyon, fur . . . . 631 habit. il y a 140 $\frac{2}{9}$ femmes mariées ou veuves.

Dans la Généralité de
Rouen, fur . . . . 631 habit. il y a 146 femmes mariées ou veuves.

Les femmes mariées ou
veuves, font plus nombreufes dans la Généralité de
Rouen que dans les deux
autres.

La proportion moyenne, entre le total des habitans & les femmes mariées ou veuves de ces trois Génér. eft comme 631 à 141 $\frac{1}{3}$.

VII.me COMPARAISON.

Proportion des filles au-deffus de 14 ans, au total des habitans.

Dans la province d'Au-
vergne, fur . . . . 1357 habitans il y a 130 filles au-deffus de 14 ans.

Dans la Généralité de
Lyon, fur . . . . 1357 habitans il y a 117 $\frac{1}{3}$ filles au-deffus de 14 ans.

Dans la Généralité de
Rouen, fur . . . . 1357 habitans il y a 152 $\frac{1}{6}$ filles au-deffus de 14 ans.

Les filles au-deffus de 14
ans, font plus nombreufes
dans la Généralité de
Rouen que dans les deux
autres.

La proportion moyenne, entre le total des habitans & les filles
au-deffus de 14 ans, eft comme 1357 à 133.

VIII.me

VIII.me C O M P A R A I S O N.

Proportion des filles de 14 ans & au-deſſous, au total des habitans.

Dans la province d'Au-
vergne, ſur . . . . 379 habitans, il y a 58 filles de 14 ans & au-deſſo,

Dans la Généralité de
Lyon, ſur . . . . 379 habitans, il y a 58 filles de 14 ans & au-deſſo.

Dans la Généralité de
Rouen, ſur . . . . 379 habitans, il y a 52 filles de 14 ans & au-deſſo.

Les filles de 14 ans &
au-deſſous ſont au même
nombre dans les deux Gé-
néralités d'Auvergne & de
Lyon, & moins nombreu-
ſes dans celle de Rouen,

La proportion moyenne, eſt comme 379 à 56.

I X.me C O M P A R A I S O N.

Proportion des domeſtiques femelles, au total des habitans.

Dans la province d'Au-
vergne, ſur . . . . 1535 habitans, il y a 59 domeſtiques femelles.

Dans la Généralité de
Lyon, ſur . . . . 1535 habitans, il y a 82 domeſtiques femelles.

Dans la Généralité de
Rouen, ſur . . . . 1535 habitans, il y a 62 domeſtiques femelles.

Les domeſtiques femel-
les ſont plus nombreuſes
dans la Généralité de
Lyon que dans les deux
autres.

La proportion moyenne eſt comme 1535 à 67 $\frac{2}{3}$.

Q

RECHERCHES

X.me COMPARAISON.

Proportion des enfans des deux sexes de 14 ans & au-dessous, au total des habitans.

Dans la Général. d'Auvergne, sur . . . . 193 habit. il y a 60 enfans de 14 ans & au-dessous.

Dans la Généralité de Lyon, sur . . . . 193 habit. il y a 60 enfans de 14 ans & au-dessous.

Dans la Généralité de Rouen, sur . . . . 193 habit. il y a 53 enfans de 14 ans & au-dessous.

La proportion moyenne, entre le total des habitans, & les enfans des deux sexes de 14 ans & au-dessous, est comme 193 à 57 $\frac{2}{3}$, ce qui est plus près du tiers que du quart.

XI.me COMPARAISON.

Proportion des hommes mariés ou veufs, aux femmes mariées ou veuves.

Dans la province d'Auvergne, pour . . . . . . 125 hommes mariés ou veufs il y a 138 femmes mariées ou veuves.

Dans la Généralité de Lyon, pour 125   environ   141

Dans la Généralité de Rouen, pour 125   environ   142

La proportion moyenne 125 . . . . 140 $\frac{1}{3}$

XII.me COMPARAISON.

Proportion des garçons au-dessus de 14 ans, aux filles du même âge.

Dans la province d'Au-
vergne, pour . . . . 128 garçons au-dessus de 14 ans, il y a 130 filles du
même âge.

Dans la Généralité de
Lyon, pour 128   environ   135

Dans la Généralité de
Rouen, pour 128   environ   154

La proportion moyenne 128 . . . . 138 $\frac{1}{3}$

XIII.me COMPARAISON.

Proportion des garçons de 14 ans & au-dessous, aux filles du même âge.

Dans la province d'Au-
vergne, pour . . . . 60 garçons de 14 ans & au-dessous, il y a 58 filles
du même âge.

Dans la Généralité de
Lyon, pour 60   57

Dans la Généralité de
Rouen, pour 60   59

Proportion moyenne 60 58

XIV.me COMPARAISON.

Proportion des domestiques mâles aux domestiques femelles.

Dans la province d'Au-
vergne, pour . . . . 67 domestiques mâles, 59 domestiques femelles.

Dans la Généralité de
Lyon, pour 67   83

Dans la Généralité de
Rouen, pour 67   67

Proportion moyenne 67 69

XV.me COMPARAISON.

Proportions des ecclésiastiques au total des habitans.

Dans la Généralité d'Auvergne les ecclésiastiques font la . . . . 117 partie des habitans

Sur 117 habitans, il y a un ecclésiastique.

Dans la Généralité de Lyon, sans y comprendre la ville de Lyon, les ecclésiastiques
font la . . . . 169 partie des habitans.

Sur 169 habitans il y a un ecclésiastique.

Dans la Généralité de Rouen, sans y comprendre la ville de Rouen, les ecclésiastiques
font la . . . . 126 partie des habitans.

Sur 126 habitans il y a un ecclésiastique.

En réunissant les ecclésiastiques de la ville de Lyon, & de
celle de Rouen à ceux de ces deux Généralités, & en les
comparant au total des habitans, on trouve que dans la Généralité de Rouen les ecclésiastiques font environ la 104e partie
des habitans, & dans celle de Lyon la 117.e

D'où il résulte que la Généralité de Rouen, en y comprenant
la ville, est celle des trois provinces qui renferme le Clergé
le plus nombreux, par proportion aux habitans, & que dans
les deux Généralités de Lyon & d'Auvergne, les ecclésiastiques
font dans la même proportion.

La classe la plus nombreuse des habitans est celle des hommes
& femmes mariés ou veufs.

Celle qui vient ensuite est celle des enfans des deux sexes de
14 ans & au-dessous.

La troisième, des garçons & filles au-dessus de 14 ans.

La quatrième, des domestiques, & la classe la moins nombreuse, est celle qui est composée des ecclésiastiques des deux
sexes.

VII.me COMPARAISON

Pour conftater dans laquelle des trois Généralités d'Auvergne, de Lyon & de Rouen, la population eft le plus augmentée depuis la fin du dernier fiècle.

POUR remplir l'objet qu'on vient de fe propofer, il eft né-ceffaire de rapporter le réfultat des Comparaifons qui ont été faites à l'article des Généralités d'Auvergne, de Lyon & de Rouen, des naiffances & mariages de 1690 à 1700, avec les naiffances & mariages de 1747 à 1757 pour la Généralité d'Auvergne, de 1749 à 1759 pour celle de Lyon, & de 1752 à 1762 pour la Généralité de Rouen.

Dans la province d'Auvergne, les naiffances de 1747 à 1757 fe font trouvées fupérieures à celles de 1690 à 1700 de 12120 fur 56814, ce qui fait environ un cinquième d'augmentation en faveur de la dernière époque, & dans la proportion de 273 à 225.

Les mariages fe font trouvé fupérieurs de 1973 fur 12950, ce qui fait un peu moins du fixième, dans la proportion de 151 à 131.

Les mariages de 1690 à 1700 font aux naiffances comme 16 à 73 $\frac{1}{156}$.

Les mariages de 1747 à 1757 comme 16 à 73 $\frac{1}{81}$.

D'où il réfulte, 1.° que la population étoit plus nombreufe en 1757 qu'en 1700 d'environ un cinquième.

2.° Que les mariages étoient un peu plus féconds de 1747 à

1757 que ceux de 1690 à 1700, mais la différence ne peut mériter aucune considération.

Dans la Généralité de Lyon, les naissances de 1749 à 1759 se font trouvées supérieures à celles de 1690 à 1700, de 4898 sur 35228, ce qui fait une augmentation en faveur de la dernière époque d'un peu moins du septième, & dans la proportion de 344 à 302.

Les mariages se font trouvés supérieurs de 1118 sur 7824, ce qui fait un septième dans la proportion de 8 à 7.

Les mariages de 1690 à 1700 font aux naissances comme 16 à 72.

Les mariages de 1749 à 1759 font aux naissances comme 16 à 71 $\frac{1}{78}$.

D'où il résulte 1.° que la population étoit plus nombreuse en 1759 qu'en 1700 d'un peu moins du septième.

2.° Que les mariages ont été un peu moins féconds de 1749 à 1759 que ceux de 1690 à 1700, mais la différence est si légère, qu'elle ne peut mériter d'attention.

Dans la Généralité de Rouen, les naissances de 1752 à 1762 se font trouvées supérieures à celles de 1690 à 1700, de 2346 sur 120691, ce qui fait une augmentation d'un 51.° $\frac{1}{4} \frac{1}{8} \frac{1}{16}$, & dans la proportion de 823 à 839.

Les mariages de 1690 à 1700 font aux naissances comme 16 à 67 $\frac{1}{4}$.

Les mariages de 1752 à 1762 comme 16 à 67 $\frac{1}{2}$.

D'où il résulte 1.° que la population étoit un peu plus nombreuse en 1762 qu'en 1700.

2.° Que les mariages de 1752 à 1762 ont été aussi un peu plus féconds que ceux de 1690 à 1700, mais la différence est si peu considérable, qu'on peut regarder, par rapport aux mariages, les deux époques comme semblables.

La recherche des naiſſances & mariages de 1690 à 1700, pour la Généralité de Rouen, comprend la moitié de ſa population, & quoique la même recherche n'ait été faite que ſur une partie des Paroiſſes des Généralités d'Auvergne & de Lyon, les comparaiſons qu'on vient de rapporter prouvent cependant, d'une manière inconteſtable, 1.° que la population des Généralités d'Auvergne, de Lyon & de Rouen étoit plus nombreuſe en 1757, 1759 & 1762 qu'en 1700.

2.° Que les mariages ont été plus féconds dans les Généralités d'Auvergne & de Rouen de 1747 à 1757, & de 1752 à 1762, que ceux de 1690 à 1700 ; & que les mariages de la Généralité de Lyon ont été un peu moins féconds dans la dernière époque qu'ils ne l'avoient été de 1690 à 1700.

En effet, la recherche des naiſſances & mariages de 1690 à 1700 a été faite ſur un très-grand nombre de Paroiſſes des Généralités d'Auvergne, de Lyon & de Rouen, priſes au hazard dans tous les cantons de ces trois provinces, & il n'y a aucune raiſon de préſumer que les Paroiſſes, où pareille recherche n'a pas été faite, ſe trouvent dans un cas différent. Il eſt d'ailleurs impoſſible qu'une recherche de cette nature puiſſe jamais être complette ; beaucoup d'anciens Regiſtres étant perdus & ne ſe trouvant nulle part. Mais ce qui ſe trouve conſtaté pour la moitié de la Généralité de Rouen & la cinquième partie des deux autres, eſt certainement applicable à la totalité, & c'eſt préciſément le cas des trois Provinces dans leſquelles la recherche a été faite.

On vient de voir que la population d'Auvergne en 1757 étoit plus nombreuſe qu'en 1700, dans la proportion de . . . . 273 à 225
Celle de la Généralité de Lyon en 1759, dans la proportion de . . . . 344 à 302

Et que la population de la Généralité de Rouen étoit supérieure en 1762 à celle de 1700, dans la proportion de . . . . 839 à 823

En combinant ces trois comparaisons, on trouve que la proportion moyenne entre la population actuelle de ces trois Généralités, & la population qui existoit en 1700, est comme . . . . 1456 à 1350

Ce qui fait une augmentation en faveur de la population actuelle de 106 sur 1350, ou environ $\frac{1}{12}$, & dans la proportion de 51 à 55.

COMPARAISON

COMPARAISON

DES VILLES

DE LYON ET DE ROUEN,

Par rappport à la population exiſtante en 1762.

LA connoiſſance de la population des grandes villes conduit à la connoiſſance de leurs forces; plus une ville eſt peuplée, & plus le Souverain dont elle dépend peut en tirer de ſecours : la Comparaiſon qu'on ſe propoſe de faire des villes de Lyon & de Rouen réunit le double avantage de faire connoître la force particulière de ces deux Villes, & leurs forces relatives à l'une & à l'autre.

Comparaiſon des villes de Lyon & de Rouen , par rapport à la population actuelle.

IL y a eu dans la ville de Lyon & ſes fauxbourgs, depuis 1752 juſques & compris 1761 . . .

Durant les mêmes 10 années, il y a eu dans la ville de Rouen & ſes fauxbourgs . . . . . .

NAISSANCES.	MARIAGES.	MORTS.
41372	10283	32677
22709	6272	23113

Il faut obſerver que dans ce nombre de naiſſances ne ſont pas compris les baptêmes des Hôtels-Dieu de ces Villes, mais les morts de ces deux Hôpitaux y

R

font compris, & c'eft la raifon pour laquelle le nombre des morts diffère ici de celui porté aux articles précédens des villes de Lyon & de Rouen.

L'année commune des naiffances de la ville de Lyon eft de . . . . 4137.

Celle de la ville de Rouen de . . . . 2271.

En multipliant l'année commune des naiffances de ces deux villes par le nombre 28, on trouve que la ville de Lyon contient . . . . 115836 habit. de tout fexe & de tout âge.

Et la ville de Rouen. . . . 63588

Les mariages font aux naiffances, dans la ville de Lyon, comme 48 à 193.

Et dans ville de Rouen, comme 48 à 175 $\frac{1}{2}$.

Dans la ville de Lyon il fe fait, année commune, 12 mariages fur 1332 perfonnes.

Dans la ville de Rouen, il fe fait 12 mariages fur 1217 perfonnes.

Dans la ville de Lyon, en y comprenant les morts de l'Hôtel-Dieu, il y meurt année commune deux perfonnes fur 71.

Dans la ville de Rouen, en y comprenant les morts de l'Hôtel-Dieu, il y meurt année commune deux perfonnes fur 55.

Par le réfultat des rôles de Capitation de la ville de Lyon & fes fauxbourgs, on trouve qu'il y avoit dans cette ville environ 22000 familles, lefquelles font compofées les unes dans les autres de 5 perfonnes $\frac{1}{4} \frac{1}{60}$. 60 feux ou familles repréfentent 316 habitans.

Par le réfultat des rôles de Capitation de la ville de Rouen, on a trouvé qu'il y avoit dans cette ville & fes fauxbourgs, environ 10530 familles, lefquelles font compofées, les unes dans les autres, de 6 perfonnes $\frac{1}{30}$. 60 feux ou familles repréfentent 362 habitans.

Il y a dans la ville de Lyon & ſes fauxbourgs 4770 maiſons; elles contiennent, les unes dans les autres, un peu plus de 24 perſonnes.

On a compté dans la ville de Rouen & ſes fauxbourgs 9820 maiſons, elles contiennent, les unes dans les autres, 6 perſonnes $\frac{1}{7} \frac{1}{9} \frac{1}{36}$.

Il y avoit dans la ville de Lyon en 1759, 2103 eccléſiaſtiques des deux ſexes.

Et dans la ville de Rouen il y en avoit en 1763, 1759.

Il réſulte de cette comparaiſon 1.° que la ville de Rouen eſt à celle de Lyon, par rapport aux naiſſances, comme $1 \frac{1}{5} \frac{1}{60}$ à $2 \frac{1}{5} \frac{1}{60}$.

Par conſéquent, le nombre des habitans de la ville de Rouen eſt à celui de la ville de Lyon comme 73 à 133.

2.° Que les mariages dans la ville de Lyon ſont plus fé-conds que dans celle de Rouen, dans la proportion de 193 à 175 $\frac{1}{2}$; ce qui fait environ un dixième.

3.° Qu'on ſe marie plus dans la ville de Rouen que dans celle de Lyon, dans la proportion d'environ un douzième.

La mortalité eſt plus grande dans la ville de Rouen que dans celle de Lyon, dans la proportion de 71 à 55.

A Lyon, il meurt une perſonne ſur 35 $\frac{1}{2}$.

Et à Rouen, une perſonne ſur 27 $\frac{1}{2}$.

5.° Que les familles ſont plus nombreuſes dans la ville de Rouen que dans celle de Lyon de plus d'un ſeptième.

6.° Que les maiſons de la ville de Rouen ne renferment, les unes dans les autres, qu'un peu plus d'une famille, tandis que celle de la ville de Lyon en contiennent plus de quatre, ce qui provient de ce que, dans la ville de Rouen, les maiſons ſont généralement petites & peu élévées, au lieu que dans la ville de Lyon, les maiſons ſont en général ſpacieuſes & fort hautes.

R ij

7.o Enfin, que dans la ville de Lyon il y a douze eccléfiafti-ques fur 661 habitans, ce qui fait la 55.e $\frac{1}{2}$.

Dans celle de Rouen il y en a dix-huit fur 661 habitans; ce qui fait la 36 $\frac{1}{8}$.

Par conféquent, les eccléfiaftiques font plus nombreux, par proportion aux habitans, dans la ville de Rouen que dans celle de Lyon, dans la proportion de 18 à 12.

Les mêmes avantages qui rendent la population floriffante dans les campagnes, doivent produire les mêmes effets dans les grandes villes; & il en réfulte que la ville de Lyon eft à tous égards fupérieure à celle de Rouen.

COMPARAISON
DES VILLES
DE LYON ET DE ROUEN,

Par rapport à la population qui exiſtoit en 1700.

ON vient de voir que la ville de Lyon eſt beaucoup plus peuplée que la ville de Rouen ; mais que dans celle-ci il ſe fait,
à proportion, plus de mariages que dans la première. Il eſt
vrai que dans la ville de Lyon les mariages ſont plus féconds
dans une proportion qui lui donne tout l'avantage ſur celle de
Rouen, où la mortalité eſt auſſi beaucoup plus grande que dans
la ville de Lyon.

On va voir préſentement que la population de la ville de
Lyon s'eſt fort accrue depuis 60 ans, & qu'au contraire celle
de Rouen a beaucoup perdu de ſes habitans ; c'eſt donc avec
raiſon qu'on a dit précédemment que la ville de Lyon étoit
ſupérieure à tous égards à celle de Rouen par rapport à la population.

On a conſtaté à l'article de la ville de Lyon,
page 57, qu'il y exiſtoit en 1700 . . . . . . 105700 habitans,
& qu'en 1762 il y en avoit 115836

Ce qui fait une augmentation de plus d'un
dixième.

Les mariages de 1690 à 1700 ont produit dans la proportion de 209 enfans $\frac{7}{12}$ pour 48 mariages.

Ceux de 1752 à 1762, dans la proportion de 193 enfans pour 48 mariages.

Les mariages de la dernière époque font moins féconds d'environ un quinzième.

La mortalité de 1690 à 1700, fans y comprendre les morts de l'Hôtel-Dieu, a été plus grande que celle de 1752 à 1762 d'environ un huitième.

On a conftaté à l'article de la ville de
Rouen, *page 101*, qu'il exiftoit dans cette
ville en 1700 . . . . 68572 habitans,
& qu'en 1762 il n'y en avoit que 63588
Ce qui fait une diminution de plus d'un
treizième.

Les mariages de 1690 à 1700 ont produit, dans la proportion de 201 enfans pour 48 mariages.

Ceux de 1752 à 1762, de 175 enfans ½ pour 48 mariages.

Les mariages de la feconde époque font moins féconds d'environ un feptième.

La mortalité de 1690 à 1700, fans y comprendre les morts de l'Hôtel-Dieu, a été plus grande que celle de 1752 à 1762 d'environ un cinquième.

Par cette comparaifon, on apperçoit d'un coup-d'œil toute la fupériorité de la ville de Lyon fur celle de Rouen : on voit en premier lieu, que le nombre des habitans de la ville de Lyon eft augmenté depuis la fin du dernier fiècle de plus d'un dixième, tandis que la ville de Rouen a perdu un treizième des fiens; en fecond lieu, que les mariages de la ville de Lyon étoient plus féconds en 1700 que ceux de la ville de Rouen, & qu'ils le font encore plus préfentement, puifqu'ils n'ont perdu qu'un quinzième de leur fécondité, au lieu que ceux de la ville de Rouen en ont perdu un feptième.

Par rapport à la mortalité, il fembleroit, à l'infpection, que la ville de Rouen auroit à cet égard l'avantage fur celle de Lyon, mais fi l'on fait attention à la grande augmentation des habitans de la ville de Lyon, & à la diminution confidérable furvenue dans le nombre de ceux de la ville de Rouen, on décidera encore à cet égard en faveur de la ville de Lyon : d'ailleurs, pour porter fur cet objet un jugement certain, il feroit néceffaire d'avoir le nombre des morts des Hôpitaux de ces deux villes pour les dix années de 1690 à 1700 ; mais comme on n'a pas ceux de l'Hôtel-Dieu de la ville de Lyon, il n'eft pas poffible de rendre cette comparaifon plus complette.

En réuniffant les deux villes de Lyon & de Rouen, on trouve que leur population montoit en 1700 à . . . . 173572 habitans, & en 1762 à 179424

Ce qui fait une augmentation en faveur de la dernière époque de 5852 habitans, ou d'environ $\frac{1}{29} \frac{2}{3}$.

OBSERVATIONS

SUR

LE NOMBRE DES MÂLES,

CONSIDÉRÉ

PAR RAPPORT A CELUI DES FEMELLES.

COMME, dans la recherche qui a été faite des naissances des trois Généralités d'Auvergne, de Lyon & de Rouen, on n'a pas distingué les mâles d'avec les femelles, on ne peut pas sçavoir dans quelle proportion y naissent les mâles par rapport aux femelles; c'est pourquoi on ne considérera ici que les proportions qui existent.

1.º Entre les mâles & les femelles de tout âge.

2.º Entre les mâles & femelles de 14 ans & au-dessous.

3.º Entre les mâles & les femelles au-dessus de 14 ans.

4.º Entre les hommes mariés ou veufs, & les femmes mariées ou veuves,

Il est certain, & les listes imprimées tous les ans à Paris, prouvent qu'il naît plus de mâles que de femelles dans cette grande ville, ce qui est conforme à l'ordre de la Providence;

car

car fans cette fupériorité des naiffances mâles, les guerres, la navigation, le commerce maritime, & tous les accidens auxquels les hommes font expofés, détruiroient, bientôt l'équilibre fagement établi entre le nombre des mâles & des femelles pour la confervation & la propagation du genre humain.

Mais les mâles ne confervent pas longtems la fupériorité de nombre fur les femelles; elle n'exifte plus lorfqu'ils ont paffé l'âge de 14 ans, ce qui peut faire préfumer qu'indépendamment des caufes de deftruction dont on vient de parler, les mâles font fujets dans leur enfance, & peut-être même dans l'âge viril, a plus d'infirmités que les femelles, ou que livrés de bonne-heure à des travaux fatiguans, ils y fuccombent : les femelles commencent à être plus nombreufes dès qu'elles ont acquis l'âge de 14 ans, & depuis cette époque le nombre des hommes diminue de plus en plus.

Suivant les dénombremens d'habitans comptés tête par tête dans les Généralités d'Auvergne, de Lyon & de Rouen, & rapportés ci-deffus, la proportion des mâles aux femelles de tout âge s'eft trouvé être; . . . .

SÇAVOIR;

                                                    mâles. femelles.
Dans la Généralité d'Auvergne, comme . . . 545 à 557
Les femelles excèdent les mâles de 12 fur 545,
ce qui fait $\frac{1}{45} \frac{1}{3} \frac{1}{12}$.

Dans la Généralité de Lyon, comme . . . . 545 à 578 $\frac{1}{2}$
Les femelles excèdent les mâles de 33 $\frac{1}{2}$ fur 545,
ce qui fait environ $\frac{1}{16} \frac{1}{4}$.

Dans la Généralité de Rouen, comme . . . . 545 à 594
Les femelles excèdent les mâles de 49 fur 545,
ce qui fait environ $\frac{1}{13} \frac{1}{6}$.

La proportion moyenne entre les mâles & les femelles des trois Généralités, eft comme . . . 545 à 576
Les femelles excèdent les mâles de 31 fur 545,
ce qui fait environ $\frac{1}{17} \frac{1}{2} \frac{1}{10}$.

S

Les mâles de tout âge font donc aux femelles de tout âge comme 17 $\frac{1}{2}\frac{1}{10}$ eft à 18 $\frac{1}{2}\frac{1}{10}$.

Suivant les mêmes dénombremens la proportion entre les mâles & les femelles de 14 ans & au-deffous s'eft trouvée,

SÇAVOIR;

<table>
<tr><td></td><td>mâles.</td><td>femelles;</td></tr>
</table>

Dans la province d'Auvergne, comme . . . . . 60 à 58
Les mâles excèdent les femelles de 2 fur 58, cè qui fait $\frac{1}{29}$ en faveur des mâles.

Dans la Généralité de Lyon, comme . . . . . 60 à 57
Les mâles excèdent les femelles de 3 fur 57, ce qui fait $\frac{1}{19}$.

Dans la Généralité de Rouen, comme . . . . . 60 à 59
Les mâles excèdent les femelles d'un fur 59, ce qui fait $\frac{1}{59}$.

La proportion moyenne entre les mâles & les femelles de 14 ans & au-deffous des trois Généralités, eft comme . . . . 60 à 58

Les mâles de 14 ans & au-deffous, font aux femelles du même âge, comme . . . . 30 eft à 29

Les mâles excèdent donc les femelles d'un fur 29, ce qui fait $\frac{1}{29}$; dont les mâles font plus nombreux que les femelles.

Suivant les mêmes dénombremens la proportion entre les mâles & les femelles au-deffus de 14 ans, s'eft trouvée être,

SÇAVOIR;

<table>
<tr><td></td><td>mâles.</td><td>femelles;</td></tr>
</table>

Dans la province d'Auvergne, comme . . . . . 128 à 130
Les femelles excèdent les mâles de 2 fur 128, ce qui fait $\frac{1}{64}$.

Dans la Généralité de Lyon, comme...... 128 à 131

Les femelles excèdent les mâles de 3 sur 128,
ce qui fait $\frac{1}{42}\frac{2}{3}$.

Dans la Généralité de Rouen, comme...... 128 à 154

Les femelles excèdent les mâles de 26 sur 128,
ce qui fait près d'un cinquième.

La proportion moyenne entre les mâles & les
femelles au-dessus de 14 ans, est comme.... 128 à 138 $\frac{11}{2}$

Les femelles excèdent donc les mâles de 10 $\frac{1}{3}$
sur 128, ce qui fait environ $\frac{1}{12}$.

Suivant les mêmes dénombremens la proportion entre les hommes mariés ou veufs, & les
femmes mariées ou veuves, s'est trouvée être,

SÇAVOIR,   hommes. femmes.

Dans la province d'Auvergne, comme..... 125 à 138
Les femmes excèdent les hommes de 13 sur 125,
ce qui fait $\frac{1}{9}\frac{8}{13}$.

Dans la Généralité de Lyon, comme..... 125 à 141
Les femmes excèdent les hommes de 16 sur 125,
ce qui fait $\frac{1}{7}\frac{13}{16}$.

Dans la Généralité de Rouen, comme..... 125 à 142
Les femmes excèdent les hommes de 17 sur 125,
ce qui fait $\frac{1}{7}\frac{6}{17}$.

La proportion moyenne entre les hommes mariés ou veufs & les femmes mariées ou veuves,
est comme........................... 125 à 140 $\frac{5}{3}$
Les femmes excèdent donc les hommes de 15 $\frac{1}{3}$
sur 125, ce qui fait $\frac{1}{8}\frac{1}{3}$.

Suivant les proportions moyennes prises sur les trois Généralités d'Auvergne, de Lyon & de Rouen, on peut dire 1.º que
les mâles font supérieures en nombre au femelles jusques à
l'âge de 14 ans d'un vingt-neuvième.   S ij

2.° Qu'ils perdent cette supériorité dans l'âge suivant, & que les mâles au-dessus de 14 ans, sont inférieurs en nombre aux femelles d'environ $\frac{1}{12}$.

3.° Que dans l'état de mariage les hommes sont encore moins nombreux par rapport aux femmes, & que dans ce période de la vie humaine, les femmes sont supérieures aux hommes d'environ $\frac{1}{8}$ $\frac{1}{3}$.

4.° Enfin, que les mâles en général sont inférieures aux femelles d'environ $\frac{1}{17}$.

Mais ces proportions ne sont pas les mêmes dans les trois Généralités d'Auvergne, de Lyon & de Rouen, elles diffèrent même beaucoup entre elles à cet égard: d'où peuvent donc provenir ces différences? On croit pouvoir les attribuer aux différences de position, de culture, d'industrie & de commerce qui existent entre ces trois Généralités.

La Généralité d'Auvergne est presque sans commerce & sans industrie; son terrain est en vignoble, terres de labour, prairies, pâturages & herbages; c'est la Généralité où il y a un plus grand nombre d'hommes.

La Généralité de Lyon est un pays de vignobles & terres de labour, où il y a de l'industrie, une grande ville de manufactures & de commerce, & trois grandes rivières navigables; les hommes y sont moins nombreux qu'en Auvergne, mais plus que dans la Généralité de Rouen.

Dans la Généralité de Rouen le terrain est en terre de labour & herbage, très-peu de vignobles, il y a une grande industrie, des manufactures, & un commerce florissant. La Seine, qui la traverse, y donne lieu à une grande navigation, & le commerce maritime occupe un grand nombre de ses habitans; d'ailleurs la Généralité de Rouen est à portée de Paris, cette proximité en fait sortir un grand nombre de jeunes gens qui vont dans la capitale passer une partie de leur vie dans l'état de domesticité ; désavantage dont l'éloignement de Paris met à l'abri la Généralité de Lyon. Par rapport à la province d'Auvergne, on sçait qu'une partie de ses habitans en sort tous les ans, mais le plus grand nombre y revient.

Il résulte des observations précédentes qu'où il y a le plus d'industrie, de commerce & de navigation, plus le nombre des mâles est inférieur à celui des femelles.

On peut donc attribuer la diminution du nombre des mâles principalement au commerce, à l'industrie & à la navigation.

On n'a point fait mention des ecclésiastiques, non plus que des domestiques des deux sexes. Ces deux classes de citoyens sont trop peu nombreuses pour mériter d'entrer dans ces observations : on dira seulement que, dans ces trois provinces, la proportion moyenne des ecclésiastiques mâles aux ecclésiastiques femelles, est comme . . . . $2\frac{1}{45}$ à 1

Pour 91 ecclésiastiques mâles, il y a 45 ecclésiastiques femelles ; & la proportion moyenne entre les domestiques mâles & les domestiques femelles, comme . . . . 67 à 69

On doit ajouter que le dénombrement des domestiques ne concernant que les petites Villes & Paroisses de la campagne, la proportion ci-dessus ne décide rien pour les grandes villes.

Depuis ces observations, on a trouvé dans le *Dictionnaire de* M. l'Abbé Expilly, *T. III , page 876 & suivantes*, les naissances d'un grand nombre de Paroisses de différentes provinces du Royaume, distinguées par mâles & femelles. Ces recherches sont assez étendues pour donner la proportion qui existe entre les naissances mâles & les naissances femelles. On va rapporter le résultat des recherches de M. l'Abbé Expilly, & on y joindra le nombre des naissances de la ville de Paris, en distinguant les mâles & femelles.

	NAISSANCES.	
	Mâles.	*Femelles.*
Il y a eu à Paris depuis 1752 jusques & compris 1761	97972	94241
Dans la Franche-Comté , depuis 1753 jusques & compris 1762	135038	126735
Dans 476 Paroisses de la province & Intendance de Bourgogne , depuis 1752 jusques & compris 1763	70971	66761
Dans 492 Paroisses de l'Intendance d'Alençon en Normandie , depuis 1752 jusques & compris 1763	49085	46770
Dans 504 Paroisses de l'Intendance de Provence , & dans les villes de Marseille, Toulon & Aix , depuis 1762 jusques & compris 1763	138189	130710
Dans 370 Paroisses des Diocèses de Dax, de Lombès & de Rieux , du Département & Intendance d'Auch & Pau , depuis 1752 jusques & compris 1763 . . .	42992	39963
Dans la Principauté de Dombes , depuis 1752 jusques & compris 1763 . . .	6988	6654
	541235.	511834.

Les naissances mâles sont aux naissances femelles comme 18 $\frac{1}{7}$ $\frac{1}{12}$ à 17 $\frac{1}{3}$ $\frac{1}{12}$, en sorte qu'il naît 221 mâles contre 209 femelles. Cependant comme les mâles de 14 & au-dessous ne sont supérieurs aux femelles du même âge que dans la proportion de 30 à 29; il en résulte que depuis la naissance jusques à 14 ans, il périt plus de mâles que de femelles dans le rapport de 191 à 180.

DES FAMILLES
NOMBREUSES.

Le Roi Louis XIV, dans la vue d'encourager ses sujets au mariage, & pour les consoler du grand nombre d'enfans, fit une Loi en 1666, par laquelle il accorda aux pères de dix enfans vivans, l'exemption d'imposition, & de plus aux pères de douze enfans vivans une pension. Cette Loi n'est plus en vigueur, & il y a lieu de croire qu'elle n'a pas diminué le nombre des célibataires, ni augmenté le nombre des enfans. En effet, le mariage dépend de la volonté des hommes & de leur caractère; & leur goût à cet égard ne pourra jamais être subordonné à la volonté du Législateur: la fécondité des mariages dépend des causes absolument indépendantes de la volonté même de ceux qui peuvent seuls y contribuer, & est par cette raison au-dessus de toutes les loix humaines.

Les hommes sont portés naturellement à se perpétuer, c'est le vœu de la nature. Ceux qui préfèrent le célibat à l'état du mariage sont en très-petit nombre; & il est vraisemblable que les célibataires ne sont pas plus nombreux aujourd'hui qu'ils l'étoient autrefois.

On a cherché à connoître dans les Généralités d'Auvergne, de Lyon & de Rouen, le nombre des familles composées de six enfans & plus; cette recherche a été faite sur les dénombremens d'habitans comptés tête par tête, & dont on a fait mention précédemment.

On a compté dans la province d'Auvergne sur 3209 familles, celles composées de six enfans & au-dessus, & il s'en est trouvé 149 composées de 1010 enfans :

S Ç A V O I R;

NOMBRE des Familles.	ENFANS dont chaque famille est composée.	TOTAL des Enfans des familles mentionnées dans la première colonne.
83 .... de ...	6 enfans	498
37 .... de ...	7	259
16 .... de ...	8	128
6 .... de ...	9	54
6 .... de ...	10	60
1 .... de ...	11	11
149 familles composées de		1010 enfans.

Le nombre 149 auquel montent les familles de six enfans & au-dessus, fait le 21 $\frac{1}{2}$ des 3209 familles, sur lesquelles elles ont été prises.

On a compté dans la Généralité de Lyon fur 3820 familles, celles composées de fix enfans & au-deffus, & il s'en eft
trouvé 179 composées de 1224 enfans :

SÇAVOIR;

NOMBRE des Familles.	ENFANS dont chaque famille eft composée.	TOTAL des enfans des familles men-tionnées dans la première colonne.
97 . . . . de . . .	6 enfans	582
40 . . . . de . . .	7	280
26 . . . . de . . .	8	208
11 . . . . de . . .	9	99
2 . . . . de . . .	10	20
2 . . . . de . . .	11	22
1 . . . . de . . .	13	13

179 *familles composées de* . . . . 1224 *enfans.*

Le nombre 179, auquel montent les familles de fix enfans &
au-deffus, fait le 21 $\frac{1}{3}$ des 3820 fur lefquelles elles ont été prifes.

T

On a compté dans la Généralité de Rouen fur 15023 familles, celles compofées de fix enfans & au-deffus, & il s'en eſt trouvé 471 compofées de 3148 enfans.

S Ç A V O I R;

NOMBRE des Familles.	ENFANS dont chaque famille eſt compofée.	TOTAL des enfans des familles mentionnées dans la première colonne.
292 . . . . de . . .	6 enfans	1752
105 . . . . de . . .	7	735
44 . . . . de . . .	8	352
19 . . . . de . . .	9	171
5 . . . . de . . .	10	50
4 . . . . de . . .	11	44
2 . . . . de . . .	12	24
471 *familles compofées de*		3148 *enfans.*

Le nombre de 471, auquel montent les familles de 6 enfans & au-deffus, fait le $31 \frac{1}{2} \frac{1}{4} \frac{1}{8}$ des 15023, fur lefquelles elles ont été prifes.

On vient de voir que la Généralité de Lyon eſt celle des trois où il y a le plus de familles de 6 enfans & au-deffus. La province d'Auvergne eſt à cet égard au même degré que la Généralité de Lyon, ou du moins à très-peu de chofe près. Il n'en eſt pas de même de la Généralité de Rouen, où les familles de 6 enfans & au-deffus y font beaucoup moins communes que dans les deux autres Généralités.

On ne peut attribuer la différence qui exiſte entre ces trois Généralités, par rapport aux familles nombreufes, qu'au plus ou moins de fécondité des mariages; on a remarqué précédemment que la Généralité de Lyon étoit un peu fupérieure à cet égard à celle d'Auvergne, & que celle-ci l'emportoit de beaucoup fur la Généralité de Rouen.

En réuniffant ces trois Généralités, on trouve que fur environ 25 familles, il y en a une compofée de plus de 6 enfans.

DE LA VIE MOYENNE

DES HOMMES.

TOUS les hommes naiffent & meurent ; mais ces deux termes qui fixent l'entrée & la fortie de la vie font plus ou moins éloignés l'un de l'autre pour chaque homme en particulier. En effet, on voit des hommes ceffer d'exifter prefque auffitôt qu'ils voyent le jour ; d'autres atteignent à peine les cinq premières années, & le plus grand nombre de ceux qui parviennent à cet âge meurent avant celui de 30, enforte que c'eft le plus petit nombre qui vit au-delà.

Pour trouver combien vivent les hommes, pris les uns dans les autres, il eft néceffaire de réunir le nombre de jours, de mois & d'années qu'ont vécu les hommes morts. Plus cette recherche fera étendue, tant par rapport au nombre de Villes & Paroiffes fur lefquelles elle fera faite, & par rapport à l'efpace de temps qu'on embraffera, & plus le réfultat acquérera de vérité & d'autorité.

Les Regiftres mortuaires où la durée de la vie de chaque homme en particulier eft confignée, font les feules fources d'où on puiffe tirer les calculs néceffaires pour connoître la vie moyenne des hommes, & c'eft fur ces Regiftres qu'on a calculé la vie moyenne des habitans de quelques Villes & Paroiffes des Généralités de Lyon & de Rouen : on auroit bien defiré pouvoir étendre cette recherche fur un plus grand nom-

T ij

bre de Villes & Paroisses, mais on a été arrêté par la difficulté de trouver des personnes qui voulussent en prendre la peine, & par les obstacles qu'apportent aux recherches ceux qui n'en connoissent pas l'utilité.

On a eu soin de choisir dans la Généralité de Lyon les Paroisses où les Curés ont paru être les plus exacts à inscrire sur leurs Registres tous les morts sans aucune exception ; & l'exactitude de ces Curés est prouvée, puisqu'on a trouvé sur leurs Registres des enfans morts le même jour qu'ils étoient nés.

Par rapport à la Généralité de Rouen, on a remarqué que les Curés étoient à cet égard de la plus grande exactitude.

On peut assurer que la recherche dont il s'agit est exacte par rapport au nombre des morts ; il est impossible qu'elle le soit également pour l'âge de chaque individu inscrit sur les Registres ; on conçoit aisément que les Curés s'en rapportent aux déclarations qui leur sont faites par les parens, lesquels ne connoissent pas toujours exactement l'âge des morts ; mais par rapport à ceux qui ont passé 20 ans, il est rare que l'erreur soit de plus de trois ou quatre années. Il résulte de cette observation qu'il est impossible, de connoître la vie moyenne des hommes, mais on peut en approcher d'une façon très-vraisemblable, & avoir une connoissance exacte des périodes de la vie les plus sujettes à la mortalité.

On a formé onze périodes de la vie humaine.

La première, de la naiss. à   5 ans.
La seconde, de   5 ans à   10
La troisième, de 10   à   20
La quatrième, de 20   à   30
La cinquième, de 30   à   40
La sixième,   de 40   à   50
La septième, de 50   à   60
La huitième, de 60   à   70

La neuvième, de 70 ans à 80 ans.

La dixième, de 80 à 90

La onzième, de 90 à 100

On eſt ſûr d'avoir compris, à très-peu de choſe près, dans chaque période le nombre des morts qui y ont rapport. En effet, en ſuppoſant qu'on ſe fût trompé d'un mois ſoit en plus ou en moins ſur l'âge d'un enfant au-deſſous de cinq ans, il ſe trouvera toujours dans la première période. Il en ſera de même d'un homme auquel on en aura donné 55 quoiqu'il n'en ait vécu que 51, il ſe trouvera dans la ſeptième période, qui eſt celle de ſon âge. Il eſt vrai que ſi on a donné 50 ans à celui qui n'en avoit que 49, il ſe trouvera dans la période qui ſuivra celle où il devroit être : mais comme il eſt impoſ-ſible d'éviter cet inconvénient, tout ce qu'on peut dire, c'eſt que ſi on s'eſt trompé une fois en plus, on peut avoir erré une autre fois en moins ; ainſi, une erreur compenſant l'autre, il en réſulte la vérité : on peut donc préſumer, avec beaucoup de vraiſemblance, que la recherche qu'on a faite & qu'on va rap-porter, donnera 1.º la connoiſſance de la vie moyenne des hommes, ſinon exacte, du moins à-peu-près approchante de la vérité : 2.º qu'elle fera connoître, de la manière la plus cer-taine, les périodes de la vie les plus ou moins mortelles : 3.º enfin en comparant les réſultats de la recherche faite dans la Gé-néralité de Lyon avec les réſultats de la recherche faite dans la Généralité de Rouen, on-pourra juger dans laquelle des deux Généralités les hommes vivent le plus, & de la diffé-rence qu'il y a entre ces deux Généralités par rapport à l'ordre de mortalité.

GÉNÉRALITÉ DE LYON.

On a compté fur les Regiftres mortuaires de quelques Paroiffes de la Généralités de Lyon le nombre des perfonnes qui y avoient été infcrites, & il s'en eft trouvé . . . . 2818 morts.

On a ajouté à cette 1.re recherche l'âge de chaque perfonne morte, & tous les âges réunis ont formé... 70504 années.

En divifant ce nombre d'années par celui des morts, la vie moyenne des habitans de ces différentes Paroiffes s'eft trouvé être de . . . . 25 ans.

Détail pour connoître la vie moyenne des habitans de chaque Paroiffe, & l'ordre de mortalité qui y règne.

Depuis 1740 jufques & compris 1760, il eft mort à Saint-Simphorien-de-Laye, petite ville de la Généralité de Lyon, fur la route de Lyon à Roanne, 1533 perfonnes, qui ont vécu entre elles 36780 ans, ce qui revient pour chacun à ... 24 ans.

ORDRE DE MORTALITÉ,

De la naiffance à 5 ans, — 675 ⎫ 773	
De 5 ans à 10 ——— 98 ⎭	
De 10 — à 20 ———————	90
De 20 — à 30 ———————	106
De 30 — à 40 ———————	88
De 40 — à 50 ———————	107
De 50 — à 60 ———————	103
De 60 — à 70 ———————	110
De 70 — à 80 ———————	88
De 80 — à 90 ———————	53
De 90 — à 100 ———————	15

1533

L'année commune des morts eft de 76 à 77.

Depuis 1735 jufques & compris 1758 , il eſt mort à Seivignieux, Paroiſſe de la Souveraineté de Dombe , limitrophe de la Généralité de Lyon , 412 perſonnes , qui ont vécu entre elles 9956 ans , ce qui revient pour chacune à. . . . . 24 ans 2 mois.

ORDRE DE MORTALITÉ.

De la naiſſance à	5 ans. — 137 }	163
De 5 ans à	10 — 26 }	
De 10 — à	20	53
De 20 — à	30	48
De 30 — à	40	35
De 40 — à	50	34
De 50 — à	60	32
De 60 — à	70	31
De 70 — à	80	14
De 80 — à	90	2
De 90 — à	100	0
		412

L'année commune des morts eſt 17.

Depuis 1740 jufques & compris 1760, il eſt
mort dans la Paroiſſe de Greizieux - Souvigny,
Election & Généralité de Lyon, 366 perſonnes,
qui ont vécu entre elles 8912 ans, ce qui revient
pour chacune à . . . . 24 ans 4 mois.

ORDRE DE MORTALITÉ.

De la naiſſance à 5 ans. ——— 178 ⎱ 186	
De 5 ans à 10 ———— 8 ⎰	
De 10 — à 20 ———————— 53	
De 20 — à 30 ———————— 24	
De 30 — à 40 ———————— 28	
De 40 — à 50 ———————— 19	
De 50 — à 60 ———————— 16	
De 60 — à 70 ———————— 22	
De 70 — à 80 ———————— 26	
De 80 — à 90 ———————— 23	
De 99 — à 100 ———————— 1	

$$\overline{366}$$

L'année commune des morts eſt d'environ 18.

Depuis

Depuis 1735 jufques & compris 1759, il eſt
mort, dans la Paroiſſe de Curis, Généralité de
Lyon, 231 perſonnes, qui ont vécu entre elles
6359 ans, ce qui revient pour chacune à. . . . . . 27 ans 9 mois.

ORDRE DE MORTALITÉ.

De la naiſſance à	5 ans ——— 101	⎱ 116
De 5 ans à 10 ——— 15		⎰
De 10 — à 20 ———————	8	
De 20 — à 30 ———————	9	
De 30 — à 40 ———————	12	
De 40 — à 50 ———————	15	
De 50 — à 60 ———————	8	
De 60 — à 70 ———————	22	
De 70 — à 80 ———————	34	
De 80 — à 90 ———————	7	
De 90 — à 100 ———————	0	
	231	

L'année commune des morts eſt d'un peu plus de 9.

V.

RECHERCHES

Depuis 1735 jufques & compris 1759, il eft mort, dans la Paroiffe de Poleymieux, Généralité de Lyon, 276 perfonnes, qui ont vécu entre elles 8497 ans, ce qui revient pour chacune à ... 30 ans 9 mois

ORDRE DE MORTALITÉ.

De la naiffance à 5 ans —— 109 } 131	
De 5 ans à 10 —— 22 }	
De 10 — à 20 —— 13	
De 20 — à 30 —— 11	
De 30 — à 40 —— 10	
De 40 — à 50 —— 19	
De 50 — à 60 —— 7	
De 60 — à 70 —— 25	
De 70 — à 80 —— 37	
De 80 — à 90 —— 22	
De 90 — à 100 —— 1	

276

L'année commune des morts eft de 11.

On vient de voir l'ordre de mortalité qui règne dans chacune de ces Paroisses en particulier, mais pour pouvoir juger de l'ordre de mortalité en général, il est nécessaire de réunir tous les morts de ces cinq Paroisses, de combiner & composer les différentes périodes de la vie pour en tirer les conséquences qui doivent conduire à la connoissance importante des périodes plus ou moins mortelles & difficiles à passer.

Ordre général de la mortalité dans les cinq Paroisses ci-dessus rapportées.

De la naissance à 5 ans. — 1200	} 1369	
De 5 ans à 10 — 169		
De 10 — à 20 —	185	
De 20 — à 30 —	198	
De 30 — à 40 —	173	
De 40 — à 50 —	194	
De 50 — à 60 —	166	
De 60 — à 70 —	210	
De 70 — à 80 —	199	
De 80 — à 90 —	107	
De 90 — à 100 —	17	

TOTAL *des morts des cinq Paroisses* . . . 2818

Il résulte de cette table,

1.° Que la grande mortalité se fait sentir depuis la naissance jusqu'à 5 ans.

2.° Que sur 2818 morts il y en a 1554 qui n'ont pas atteint 20 ans, ce qui revient à plus de la moitié du total.

3.° Qu'il en est mort 1925 qui n'ont pas atteint 40 ans, ce qui revient à un peu plus des $\frac{2}{3}$ de la totalité.

4.° Qu'il en est mort 2119 qui n'ont pas atteint 50 ans, ce qui revient à un peu plus des $\frac{3}{4}$ de la totalité.

V ij

5.° Qu'il en est mort 2285 qui n'ont pas atteint 60 ans, ce qui revient à un peu plus des $\frac{4}{7}$ de la totalité.

6.° Qu'il en est mort 2495 qui n'ont pas atteint 70 ans, ce qui revient à un peu plus des $\frac{7}{8}$ de la totalité.

7.° Qu'il en est mort 2694 qui n'ont pas atteint 80 ans $\frac{1}{2}$, & que 124 seulement y sont parvenus, ce qui revient à environ le 22.° de la totalité.

8.° Qu'il en est mort 2801 qui n'ont pas atteint 90 ans, & que 17 seulement y sont parvenus, ce qui revient à environ 1 sur 165.

GÉNÉRALITÉ DE ROUEN.

DEPUIS 1752 jufques & compris 1761, il eft mort, dans les deux villes de Gifors & de Magny, ainfi que dans huit Paroiffes de la Généralité de Rouen, 2066 perfonnes . . . . 2066 morts.

Lefquelles ont vécu entre elles . . . . . . 53369 ann. 9 m. 2 jours.

Ce qui fait pour chacune . . . . 25 ans 10 mois.

Détail pour connoître la vie moyenne des habitans de chaque Ville & Paroiffe, & l'ordre de mortalité qui y règne.

Dans la ville de Gifors, chef-lieu de l'Election de ce nom, dans la Généralité de Rouen, il y a eu durant les 10 années de 1752 à 1762, 877 morts, lefquels ont vécu 20024 années, ce qui fait pour chacun . . . . 22 ans 10 mois.

ORDRE DE MORTALITÉ.

De la naiffance à 5 ans.	430 ⎱ 498
De 5 ans à 10	68 ⎰
De 10 — à 20	54
De 20 — à 30	42
De 30 — à 40	52
De 40 — à 50	42
De 50 — à 60	46
De 60 — à 70	39
De 70 — à 80	62
De 80 — à 90	38
De 90 — à 100	4
	877

L'année commune des morts eft de 87 $\frac{7}{10}$.

Dans la ville de Magni, chef-lieu de l'Election de Chaumont & Magni, dans la Généralité de Rouen, il y a eu depuis 1752 jusques & compris 1761, 515 morts, lesquels ont vécu ensemble 15710 années, ce qui fait pour chacun . . . . 30 ans 6 mois 2 jours.

ORDRE DE MORTALITÉ.

De la naissance à   5 ans ——— 228 ⎫ 251
De   5 ans à 10 ——— 23 ⎭
De 10 — à 20 ——————— 11
De 20 — à 30 ——————— 19
De 30 — à 40 ——————— 31
De 40 — à 50 ——————— 20
De 50 — à 60 ——————— 36
De 60 — à 70 ——————— 50
De 70 — à 80 ——————— 56
De 80 — à 90 ——————— 30
De 90 — à 100 ——————— 1
                          _____
                           515

L'année commune des morts est de 51 $\frac{1}{2}$.

Dans la paroiſſe de Montjaoul, Election
de Giſors, il y a eu depuis 1752 juſques &
compris 1761, 136 morts, leſquels ont vécu
enſemble 4040 années, ce qui fait pour cha-
cun. . . . . 29 ans 8 mois 17 jours.

ORDRE DE MORTALITÉ.

De la naiſſance à   5 ans————53 ⎫
De 5 ans à 10———— 7 ⎬ 60
De 10 — à 20———————— 5
De 20 — à 30———————— 7
De 30 — à 40————————17
De 40 — à 50———————— 9
De 50 — à 60————————10
De 60 — à 70————————14
De 70 — à 80————————11
De 80 — à 90———————— 3
De 90 — à 100———————— 0
                              ————
                              136

L'année commune des morts eſt de 13 $\frac{6}{10}$.

Dans la paroiffe de Délincourt, Election de Gifors, il y a eu depuis 1752 jufques & compris 1761, 103 morts, lefquels ont vécu enfemble 2653 ans 17 jours; ce qui fait pour chacun . . . . 25 ans 9 mois 4 jours.

ORDRE DE MORTALITÉ.

De la naiffance à 5 ans————— 51 ⎫
De 5 ans à 10————— 6 ⎬ 57
De 10 — à 20—————————— 4
De 20 — à 30—————————— 6
De 30 — à 40—————————— 6
De 40 — à 50—————————— 4
De 50 — à 60—————————— 12
De 60 — à 70—————————— 4
De 70 — à 80—————————— 10
De 80 — à 90—————————— 0
De 90 — à 100—————————— 0
————
103

L'année commune des morts eft de 10 $\frac{3}{10}$.

Dans

Dans la paroiſſe de Courcelles, Election de Giſors, il y a eu depuis 1752 juſques & compris 1761, 97 morts, leſquels ont vécu enſemble 2226 ans 2 mois 6 jours, ce qui fait pour chacun . . . . 22 ans 11 mois 13 jours.

ORDRE DE MORTALITÉ.

De la naiſſance à 5 ans————49 }	
De 5 ans à 10———— 2 }	51
De 10 — à 20————	4
De 20 — à 30————	5
De 30 — à 40————	6
De 40 — à 50————	6
De 50 — à 60————	11
De 60 — à 70————	7
De 70 — à 80————	5
De 80 — à 90————	2
De 90 — à 100————	0
	97

L'année commune des morts eſt de 9 $\frac{7}{12}$.

X

Dans la paroiſſe de Bouris, Election de Giſors, il y a eu depuis 1752 juſques & compris 1761, 97 morts, leſquels ont vécu enſemble 2902 années, ce qui fait pour chacun . . . . 29 ans 11 mois.

ORDRE DE MORTALITÉ.

De la naiſſance à 5 ans ——— 45	} 46	
De 5 ans à 10 ——— 1		
De 10 — à 20 ———	6	
De 20 — à 30 ———	6	
De 30 — à 40 ———	10	
De 40 — à 50 ———	6	
De 50 — à 60 ———	6	
De 60 — à 70 ———	6	
De 70 — à 80 ———	7	
De 80 — à 90 ———	4	
De 90 — à 100 ———	0	
	97	

L'année commune des morts eſt de 9 $\frac{7}{10}$.

Dans la paroisse de Vaudancourt, Election de Gisors, il y a eu depuis 1752 jusques & compris 1761, 77 morts, lesquels ont vécu ensemble 1463 années, ce qui fait pour chacun . . . . 19 ans.

ORDRE DE MORTALITÉ.

De la naissance à 5 ans ———	39 }	42
De 5 ans à 10 ———	3 }	
De 10 — à 20 ———	2	
De 20 — à 30 ———	10	
De 30 — à 40 ———	5	
De 40 — à 50 ———	3	
De 50 — à 60 ———	6	
De 60 — à 70 ———	3	
De 70 — à 80 ———	4	
De 80 — à 90 ———	2	
De 90 — à 100 ———	0	
	77	

L'année commune des morts est de $7\frac{7}{10}$.

Dans la paroiſſe d'Hadancourt, Election de Magni, il y a eu depuis 1752 juſques & compris 1761, 76 morts, leſquels ont vécu enſemble 1963 années 7 mois 18 jours, ce qui fait pour chacun. . . . . 25 ans 10 mois 3 jours.

ORDRE DE MORTALITÉ.

De la naiſſance à 5 ans——————— 35 } 40	
De 5 ans à 10——————— 5 }	
De 10 — à 20——————— 4	
De 20 — à 30——————— 3	
De 30 — à 40——————— 4	
De 40 — à 50——————— 7	
De 50 — à 60——————— 7	
De 60 — à 70——————— 4	
De 70 — à 80——————— 3	
De 80 — à 90——————— 4	
De 90 — à 100——————— 0	
76	

L'année commune des morts eſt 7 $\frac{6}{10}$.

Dans la paroiffe de Boconvilliers, Election de Magni, il y a eu depuis 1752 jufques & compris 1761, 50 morts, lefquels ont vécu enfemble 1431 années & 20 jours, ce qui fait pour chacun . . . . 28 ans 7 mois 15 jours

ORDRE DE MORTALITÉ.

De la naiffance à 5 ans	23	} 25
De 5 ans à 10	2	
De 10 — à 20	1	
De 20 — à 30	2	
De 30 — à 40	1	
De 40 — à 50	4	
De 50 — à 60	7	
De 60 — à 70	3	
De 70 — à 80	5	
De 80 — à 90	2	
De 90 — à 100	0	
	50	

L'année commune des morts eft de 5.

Dans la paroisse de Lattainville, Election de Gisors, il y a eu depuis 1752 jusques & compris 1761, 38 morts, lesquels ont vécu ensemble 956 ans 10 mois 18 jours, ce qui fait pour chacun. . . . . 25 ans 2 mois 6 jours.

ORDRE DE MORTALITÉ.

De la naissance à 5 ans ——— 14 ⎫		18
De 5 ans à 10 ——— 4 ⎭		
De 10 — à 20 ———————		3
De 20 — à 30 ———————		1
De 30 — à 40 ———————		2
De 40 — à 50 ———————		2
De 50 — à 60 ———————		8
De 60 — à 70 ———————		1
De 70 — à 80 ———————		2
De 80 — à 90 ———————		1
De 90 — à 100 ———————		0
		———
		38

L'année commune des morts est de 3 $\frac{1}{10}$.

7.º Qu'il en eſt mort 1975 qui n'ont pas atteint 80 ans, & que 91 ſeulement y ſont parvenus, ce qui revient à environ le 22ᵉ de la totalité.

8.º Qu'il en eſt mort 2061 qui n'ont pas atteint 90 ans, & que cinq ſeulement y ſont parvenus, ce qui revient à 1 ſur 413.

Comparaiſon

Comparaison de la vie moyenne des hommes dans la Généralité de Lyon, avec la vie moyenne des hommes dans la Généralité de Rouen ; pour servir à connoître dans laquelle des deux Généralités les hommes vivent le plus.

SUIVANT les relevés rapportés précédemment on a trouvé que 2818 morts de la Généralité de Lyon avoient vécu ensemble 70504 années, & que la vie moyenne de chaque homme, pris l'un dans l'autre, étoit de . . . . 25 ans¾

Dans la Généralité de Rouen, 2066 morts se sont trouvés avoir vécu ensemble 53369 années, ce qui revient pour chacun, & porte la vie moyenne, à . . . . 25 ans 10 mois,

La vie moyenne des hommes est donc plus longue dans la Généralité de Rouen que dans celle de Lyon de 10 mois, ce qui est dans la proportion de 31 à 30,

La vie moyenne des hommes des deux Généralités de Lyon & de Rouen réunies, est de . . . . . 25 ans 5 mois

Y

Comparaison de l'ordre de mortalité qui règne dans les deux Généralités de Lyon & de Rouen, pour connoître la différence qu'il y a entre elles à cet égard.

LYON.			ROUEN.		
De la naiſſance à 5 ans, il meurt dans		Perſonnes.	De la naiſſance à 5 ans, il meurt dans		Perſonnes.
la Génér. de Lyon 60 ſur		141	la Génér. de Rouen 60 ſur		128
De 5 — à 10 — 60 —		1001	De 5 — à 10 — 60 —		1020
De 10 — à 20 — 60 —		910	De 10 — à 20 — 60 —		1320
De 20 — à 30 — 60 —		855	De 20 — à 30 — 60 —		1117
De 30 — à 40 — 60 —		980	De 30 — à 40 — 60 —		925
De 40 — à 50 — 60 —		870	De 40 — à 50 — 60 —		1203
De 50 — à 60 — 60 —		1020	De 50 — à 60 — 60 —		832
De 60 — à 70 — 60 —		805	De 60 — à 70 — 60 —		948
De 70 — à 80 — 60 —		852	De 70 — à 80 — 60 —		751
De 80 — à 90 — 60 —		1580	De 80 — à 90 — 60 —		1440
De 90 — à 100 — 60 —		9960	De 90 — à 100 — 60 —		24792

La période de la vie la plus difficile à paſſer, & celle où les hommes ſont le plus ſujets à la mortalité, eſt de la naiſſance à 5 ans; puiſque ſur 134 perſonnes qui naiſſent il en meurt 60 dans ce petit eſpace de temps. Cette vérité s'étant rencontrée, non-ſeulement dans l'ordre général de mortalité des deux Généralités, mais même dans celui de chaque Ville & Paroiſſe en particulier, elle doit être regardée comme conſtante & invariable.

La Table précédente eſt miſe dans un ordre qui montre d'un coup-d'œil la différence qu'il y a entre chaque période & la comparaiſon d'une Généralité à l'autre; elle rend par conſéquent inutile tout ce qu'on pourroit dire de plus ſur cet objet, & on terminera cet article en réuniſſant l'ordre de mortalité des deux Généralités confondues enſemble.

Ordre général de mortalité dans les deux Villes & treize Paroisses des Généralités de Lyon & de Rouen.

De la naissance à 5 ans.——2167	} 2457	
De 5 ans à 10————290		
De 10 — à 20————————	279	
De 20 — à 30————————	309	
De 30 — à 40————————	307	
De 40 — à 50————————	297	
De 50 — à 60————————	315	
De 60 — à 70————————	341	
De 70 — à 80————————	364	
De 80 — à 90————————	193	
De 90 — à 100———————	22	
	4884	

Il résulte de cette table,

1.º Que la grande mortalité se fait sentir depuis la naissance jusqu'à 5 ans.

2.º Que sur 4884 morts il y en a 2736 qui n'ont pas atteint 20 ans, ce qui revient à plus de la moitié de la totalité.

3.º Qu'il en est mort 3352 qui n'ont pas atteint 40 ans, ce qui revient à plus des $\frac{2}{3}$ de la totalité.

4.º Qu'il en est mort 3649 qui n'ont pas atteint 50 ans, ce qui revient à environ $\frac{3}{4}$ de la totalité.

5.º Qu'il en est mort 3964 qui n'ont pas atteint 60 ans, ce qui revient à un peu plus des $\frac{4}{5}$ de la totalité.

6.º Qu'il en est mort 4305 qui n'ont pas atteint 70 ans, ce qui revient un peu plus des $\frac{7}{8}$ de la totalité.

7.º Qu'il en est mort 4669 qui n'ont pas atteint 80 ans, & que 215 seulement y sont parvenus, ce qui revient à environ le vingt-deuxième de la totalité.

8.º Qu'il en eſt mort 4862 qui n'ont pas atteint 90 ans, & que 22 ſeulement y ſont parvenus, ce qui revient à 1 ſur 222.

En ne formant des onze périodes que trois ſeulement, la première de la naiſſance à 30 ans; la ſeconde de 30 à 60 ans, & la troiſième de 60 à 90 ans & au-deſſus, on trouvera,

1.º Que des hommes qui naiſſent il en meurt
de la naiſſance à 30 ans . . . . 159 ſur 255:
2.º De 30 à 60 ans . . . . 48 ſur 255.
3.º De 60 à 90 ans & au-deſſus . . . . . . 48 ſur 255.

D'où il réſulte deux choſes, la première, que les deux tiers environ du genre humain périſſent avant 30 ans; & la ſeconde, que des hommes qui paſſent cet âge, la moitié n'exiſte plus à 60 ans, & que l'autre moitié meurt entre 60 & 100 ans.

De ce réſultat on peut en tirer la conſéquence, que la règle de deſtruction du genre humain eſt telle, que les deux tiers des hommes n'exiſtent plus au bout de 30 ans, qu'il n'en reſte qu'un ſixième après la révolution de 60 ans, & enfin qu'il faut 100 ans pour qu'une génération entière ſoit détruite: cette conſéquence paroît d'autant plus juſte, que cet ordre de deſtruction s'eſt trouvé le même dans les deux Généralités priſes ſéparement.

RECHERCHES

SUR

LA POPULATION

DE QUELQUES VILLES

ET

PROVINCES DU ROYAUME.

N s'eſt procuré le nombre des naiſſances, mariages & morts d'un grand nombre de Villes du Royaume, & de pluſieurs Provinces de deux époques différentes, éloignées l'une de l'autre d'environ 60 ans.

On en a formé des comparaiſons pour connoître ſi la population de ces villes & provinces étoit augmentée ou diminuée. Pour rendre ces états de comparaiſon plus intéreſſans, on a calculé le nombre exiſtant des habitans de chaque ville dans la proportion de l'année commune des naiſſances, qu'on a mul-

tipliée par 28 lorſque l'année commune des naiſſances étoit au-
deſſus de 600, & par 25 lorſqu'elle étoit au-deſſous; & on a
employé le nombre de 30 pour la ville de Paris, attendu le
grand nombre de célibataires, de domeſtiques & d'eccléſiaſtiques qui ſont renfermés dans cette grande Ville. Comme l'objet
qu'on s'eſt propoſé eſt de connoître l'état de la population
comparée dans deux époques différentes; la juſteſſe du calcul
de la multiplication de l'année commune des naiſſances paroît
abſolument indifférente, parce que, quelque ſoit le nombre
employé, la proportion ſe trouve la même dans les deux
époques.

Dans les mêmes comparaiſons on a cherché à connoître ſi
la fécondité des mariages étoit augmentée ou diminuée, & ſi
la mortalité a été plus ou moins grande dans la dernière époque que dans la première; mais par rapport à la mortalité, il
n'a pas été poſſible de la conſtater pour pluſieurs de ces Villes,
parce que, d'une part, on n'a pas pu ſe procurer le nombre
des morts de quelques-unes, & parce que dans quelques autres
le nombre des morts s'eſt trouvé fort inférieur à celui des naiſſances; ce qui provient toujours d'omiſſions, ſoit de la part des
Curés, dont quelques-uns étoient autrefois dans l'uſage de ne
pas enregiſtrer les enfans morts avant la première Communion,
ſoit enfin parce que dans les grandes Villes ſurtout, une grande
partie du peuple va mourir à l'Hôpital, & qu'on n'a pû ſe procurer le nombre des morts des Hôpitaux.

On a fait un article ſéparé pour chaque Villes, on va les
donner; en commençant par Paris.

PARIS.

LE grand concours des Etrangers qui se rendent perpétuel-
lement dans Paris, & qui en sortent successivement ; les Cours
supérieures, composées d'un grand nombre de Magistrats ; le
Clergé séculier & régulier, qui est très-nombreux ; les Ouvriers de toutes les professions, & enfin le nombre considérable de domestiques sont autant d'obstacles qui s'opposent à un
dénombrement exact des habitans de la ville de Paris : on va
cependant essayer d'en former un aussi vraisemblable qu'il est
possible, & établir, d'une manière certaine, l'augmentation ou
la diminution qui est arrivée dans la population de cette grande
Ville depuis 1709. On n'a pas pû remonter à une époque plus
haute pour rassembler les états tenus par la Police du nombre
des naissances, mariages & morts de tous les mois de l'année, &
dont on imprime le recueil tous les ans.

On ne se bornera pas à ces deux objets ; on rapportera différentes recherches qui ont été faites tant sur le nombre des malades de l'Hôtel-Dieu, que sur leur mortalité ; le nombre des
maisons, des familles & des domestiques.

Depuis 1709 jufques & compris 1718, il y a eu à Paris . . . .

Et depuis 1752 jufques & compris 1761 . . . . . .

NAISSANCES.	MARIAGES.	MORTS.
169882	41186	173933
192213	42083	192291

On a compris dans les naiffances & les morts des deux époques, les naiffances & morts de l'Hôtel-Dieu.

L'année commune des naiffances de 1709 à 1719 étoit de 16988, laquelle multipliée par 30 donnoit. . 509640 habitans.

L'année commune des naiffances de 1752 à 1762 a été de 19221, laquelle multipliée par 30, a donné. . . . . 576630 habitans.

Le nombre des habitans de la ville de Paris eft fupérieur dans la feconde époque de 67000, ce qui fait une augmentation de plus d'un huitième.

Le nombre proportionnel 30 paroitra peut-être trop foible pour une ville auffi confidérable que celle de Paris, furtout dans l'opinion où l'on eft qu'elle contient plus de 700000 ames ; mais l'on s'eft affuré, par des expériences réitérées, que le nombre 28 eft le plus approchant de la vérité pour les villes confidérables telles que Lyon & Lille, & particulièrement dans cette dernière ville, dont le dénombrement a été fait tête par tête en 1740, & dont le réfultat eft entièrement conforme au nombre que produit l'année commune des naiffances multiplié par 28. Le nombre de 30, employé pour cette multiplication, fait une différence fi confidérable qu'il n'eft plus poffible de croire qu'il puiffe être trop foible. En effet le dénombrement

de Lille a porté le nombre deshabitans à. . . .   51243

   La garnifon étoit.   7000

   Les religieux & religieufes.   2785

        TOTAL.   61028

L'année

L'année commune des naiſſances de 1750 à 1760 s'eſt trouvée être de 2237, laquelle multipliée par 28, donne 62636 habitans. Il eſt donc vraiſemblable que le nombre 30 eſt le plus fort qui puiſſe être employé pour calculer les habitans de Paris ſur l'année commune des naiſſances de cette grande Ville.

Les mariages de 1709 à 1719 ont produit, les uns dans les autres, 4 enfans $\frac{1}{8}$. . . . . 16 mariages ont produit 66 enfans.

Les mariages de 1752 à 1762 ont produit, les uns dans les autres, 4 enfans $\frac{1}{2}$ $\frac{1}{16}$. . . . . 16 mariages ont produit 73 enfans

Les mariages ont été par conſéquent plus féconds dans la dernière époque que dans la première.

Depuis 1709 juſques & compris 1718, il eſt mort, année commune, 17393 perſonnes ſur 509640.

Ce qui fait un mort ſur 29 à 30 habitans.

Depuis 1752 juſques & compris 1762, il eſt mort, année commune, 19225 perſonnes ſur 576630.

Ce qui fait un mort ſur 30 habitans.

La mortalité a par conſéquent été un peu moins conſidérable dans la dernière époque que dans la première.

La mortalité de 1709 a dû néceſſairement contribuer à cette différence.

Depuis l'année 1709 juſques & compris 1718, l'année commune des morts eſt de 17393. Il y a eu en 1709 29288 morts. La mortalité de 1709 a excédé l'année commune de 11895; ce qui revient à un peu plus des $\frac{2}{7}$ de l'année commune.

Depuis 1752 juſques & compris 1761, l'année commune des morts eſt de 19225. L'année la plus mortelle a été 1754, où il y a eu 21724 morts, ce qui excède l'année commune de

Z

2499; ce qui revient à un peu plus du huitième de l'année commune.

Depuis 1752 jufques & compris 1761,
il y a eu à Paris. . . . . 97972 naiffances mâles;
Et . . . . 94241 naiffances femelles;

La proportion des mâles aux femelles
eft comme. . . . . 26 $\frac{1}{4}$ à 25 $\frac{1}{4}$.

Dans le même efpace de temps il y a
eu. . . . . 102863 morts mâles.
Et. . . . . 89388 morts femelles.

La proportion des morts mâles aux
femelles, eft comme. . . . . 7 $\frac{1}{2}\frac{1}{8}\frac{1}{64}$ à 6 $\frac{1}{2}\frac{1}{8}\frac{1}{64}$.

Les naiffances mâles font fupérieures aux naiffances femelles d'environ un vingt-cinquième.

Les morts mâles font fupérieurs aux femelles d'environ un fixième.

D'où il femble réfulter qu'il y a à Paris plus de mâles que de femelles; ce qui provient du grand nombre d'étrangers mâles qui viennent à Paris pour y exercer des profeffions & des métiers, ou y être domeftiques, indépendamment des Officiers tant civils que militaires que Paris attire journellement de la province, & qui y augmentent le nombre des mâles dans une proportion fupérieure à celui des femelles.

On a compté les naiffances & les morts qu'il y a eu à Paris, mois par mois depuis 1724 jufques & compris 1763; par cette recherche on eft parvenu à la connoiffance des mois les plus propres à la conception, & de ceux où la mortalité eft plus grande. On va en rapporter les réfultats.

Ordre des mois suivant la quantité des naissances, depuis 1724 jusques & compris 1763.

MOIS D'ACCOUCHEMENS.	MOIS DE CONCEPTION.
Mars.	Juillet.
Janvier.	Mai.
Février.	Juin.
Avril.	Août.
Mai.	Septembre.
Août.	Décembre.
Octobre.	Février.
Septembre.	Janvier.
Juillet.	Novembre.
Novembre.	Mars.
Décembre.	Avril.
Juin.	Octobre.

Les mois de Juillet, de Mai, de Juin & d'Août, sont les plus propres à la conception.

Les mois de Novembre, Mars, Avril & Octobre, sont ceux où les femmes conçoivent le moins.

*Ordre des mois suivant leur mortalité, depuis 1724 jusques &
compris 1763.*

MOIS.	NOMBRE DES MORTS.
Mars.	77803
Avril.	76815
Mai.	72198
Janvier.	69166
Février.	66789
Décembre.	60926
Juin.	58272
Juillet.	57339
Octobre.	54897
Septembre.	54339
Novembre.	54029
Août.	52479

Durant les 40 années il est mort, mois commun, 62921.

Le mois de Mars, le plus mortel, est au-dessous du commun de plus du cinquième.

Le mois d'Août, le moins mortel, est au-dessous du commun d'un peu moins du sixième.

Le mois de Décembre est celui qui approche le plus du mois commun.

Depuis 1726 jusques & compris 1744, il est mort à Paris 5538 religieux & religieuses.

Depuis 1745 jusques & compris 1763, il est mort à Paris 3292 religieux & religieuses.

Le nombre des morts dans les 19 dernières années est diminué de 2246 ; preuve certaine que les Communautés Religieuses ne sont plus aussi nombreuses qu'elles l'étoient il y a 40 ans.

HOTEL-DIEU
DE LA VILLE DE PARIS.

Ordre des mois suivant le nombre des malades entrés à l'Hôtel-Dieu de Paris, depuis 1724 jusques & compris 1763, pour connoître quels sont les mois où il y a le plus de maladies.

MOIS.	NOMBRE des malades entrés A L'HÔTEL-DIEU.
Janvier.	84064
Décembre.	78427
Mars.	77872
Février.	74461
Avril.	73642
Novembre.	72449
Octobre.	70770
Mai.	67346
Septembre.	66323
Juillet.	58751
Juin.	57547
Août.	55901

Dans les 40 années il y a eu, mois commun, 69396 malades entrés à l'Hôtel-Dieu.

Le mois de Janvier, où il y a le plus de maladies, est au-dessus du mois commun de plus d'un cinquième.

Le mois d'Août, où il y a le moins de maladies, est au-dessous du mois commun d'environ un cinquième.

Le mois d'Octobre est celui qui approche le plus du mois commun.

Ordre des mois suivant le nombre des morts de l'Hôtel-Dieu de Paris, depuis 1724 jusques & compris 1763, pour connoître quels sont les mois où il meurt le plus de personnes dans cet Hôpital, sans avoir égard au nombre des malades.

MOIS.	NOMBRE DES MORTS.
Mars.	21292
Avril.	20369
Février.	18996
Janvier.	18825
Mai.	17616
Décembre.	16779
Novembre.	13993
Juin.	13508
Octobre.	13335
Septembre.	11547
Juillet.	11268
Août.	10477

Durant les 40 années il est mort, mois commun, 15668 personnes,

Le mois de Mars, le plus mortel, est au-dessus du mois commun de plus d'un tiers.

Le mois d'Août, le moins mortel, est au-dessous du mois commun d'un peu moins d'un tiers.

Le mois de Décembre est celui qui approche le plus de la mortalité commune.

Ordre des mois suivant la proportion qui s'est trouvée exister entre les morts & les malades de l'Hôtel-Dieu de Paris, depuis 1724 jusques & compris 1763, pour connoître quels sont les mois les plus mortels par proportion au nombre des malades.

MOIS.	PROPORTION DES MALADES AUX MORTS.
Avril.	sur 57 malades — 16 morts.
Mars.	58 — 16
Mai.	61 — 16
Février.	62 — 16
Juin.	68 — 16
Janvier.	70 — 16
Décembre.	74 — 16
Novembre.	82 — 16
Juillet.	83 — 16
Octobre.	84 — 16
Août.	85 — 16
Septembre.	91 — 16

La proportion moyenne est 16 morts sur 71 malades, ce qui est environ 2 sur 9.

Il résulte de ces différentes tables,

1.º Que les mois les plus mortels sont Avril, Mars, Mai & Février.

2º. Que les moins mortels sont Juillet, Octobre, Août & Septembre.

3.º Que le mois de Mars est celui où il y a le plus de maladies, & le mois d'Août celui où il y en a le moins.

Etat du nombre des maisons de la ville de Paris, & des familles qui y étoient imposées à la Capitation en 1755.

NOMS des QUARTIERS.	NOMBRE des maisons existantes en 1755.	NOMBRE des familles imposées en 1755.
1. SAINT-MARTIN.	1832	6567
2. SAINT-DENIS.	1612	4758
3. SAINT-EUSTACHE.	1102	2311
4. LES HALLES.	1197	2743
5. ISLES NOTRE-DAME.	1115	3113
6. SAINT-MARCEL.	1828	5137
7. PLACE ROYALE.	1108	2583
8. LE MARAIS.	939	2188
9. HÔTEL-DE-VILLE.	1435	4546
10. FAUXBOURG S.t ANTOINE.	1480	5568
11. SAINT-GERMAIN-DES-PRÉS, première Partie.	922	3294
12. SAINT-GERMAIN-DES-PRÉS, seconde Partie.	993	2372
13. LUXEMBOURG.	1570	5481
14. SORBONNE.	1115	3832
15. LE PALAIS ROYAL.	1205	4657
16. SAINTS-INNOÇENS.	1196	3771
17. LOUVRE.	1502	4817
18. LA CITÉ.	1374	3376
	23565 maisons.	71114 familles.

Dans les 23565 maisons il y a 538 boutiques ou échopes; & les Gens de main-morte ou Hôpitaux sont propriétaires de 3140 maisons & 103 boutiques ou échopes.

On

On ne peut pas fuppofer que les familles renfermées dans la ville de Paris foient compofées de plus de huit perfonnes les unes dans les autres; ce nombre doit paroître même très-fort , fi l'on fait attention à la quantité de pauvres familles qui habitent la Capitale & qui n'ont pas de domeftiques; cépendant en multipliant les 71114 familles impofées à la Capitation en 1755 par le nombre 8 , on trouve feulement 568912 habitans , nombre inférieur à celui donné par l'année commune des naiffances multiplié par 30. Cette différence, qui n'eft pas fort confidérable, peut provenir de ce que toutes les familles ne font peut-être pas impofées à la Capitation , mais elle eft affez grande pour faire préfumer que le nombre proportionnel 30 eft le plus fort qu'on puiffe employer , & que la ville de Paris ne contient pas réellement 600000 habitans.

En divifant les 576630 habitans dont on croit la ville de Paris peuplée par les 23565 maifons, on trouve qu'elles contiennent, les unes dans les autres, 24 perfonnes ½ , deux maifons en renferment 49.

Etat du nombre des Domestiques de la ville de Paris, dont le relevé a été fait sur les rôles de la Capitation de 1754.

NOMS DES QUARTIERS.	Nombre des familles qui ont des Domestiques.	DOMESTIQUES.					
		Maîtres-d'Hôtel, Cuisiniers, Valets-de-Chambre, Officiers, Garçons d'Offices, de Cuisine &Laveurs.	Suisses, Laquais, Portiers & Frotteurs, &c.	Cochers, Postillons & Palfreniers.	TOTAL des Domestiques mâles.	Femmes de Chambre, Gouvernantes, Cuisinieres, Servantes, Tourrieres, Laveuses, &c.	TOTAL des Domestiques mâles & femelles.
1. SAINT-MARTIN.	1152	51	599	113	763	1201	1964
2. SAINT-DENIS.	869	11	235	33	279	1194	1473
3. SAINT-EUSTACHE.	1073	304	1238	406	1948	1183	3131
4. LES HALLES.	752	80	509	142	731	774	1505
5. ISLES NOTRE-DAME.	843	76	442	86	604	862	1466
6. SAINT-MARCEL.	656	33	300	22	355	676	1031
7. PLACE ROYALE.	924	273	1559	212	2044	1032	3076
8. LE MARAIS.	819	281	866	303	1450	813	2263
9. HÔTEL-DE-VILLE.	1022	71	486	114	671	1077	1748
10. Fauxb. SAINT-ANTOINE.	295	13	73	10	96	333	429
11. S.t GERMAIN, I.re partie. } 12. S.t GERMAIN, II.de partie. }	1553	863	1564	711	3138	1605	4743
13. LUXEMBOURG.	1460	294	1053	307	1654	1712	3366
14. SORBONNE.	765	68	452	61	581	763	1344
15. PALAIS ROYAL.	1718	494	1433	427	2354	1728	4082
16. SAINTS-INNOCENS.	986	24	281	36	341	836	1177
17. LE LOUVRE.	1805	216	1054	252	1522	1826	3348
18. LA CITÉ.	965	22	287	38	347	964	1311
	17657	3174	12431	3273	18878	18579	37457

Ce relevé ayant été fait sur les rôles de la Capitation, il ne peut pas y avoir de grandes erreurs ; cependant comme il arrive que quelques domestiques échappent à ceux qui font les rôles, on peut en supposer un sixième de plus ; lequel ajoûté aux

37457, porteroit la totalité des domestiques au nombre de 43699, ensorte qu'il est évident qu'il n'y a pas 50000 domestiques à Paris, quoiqu'on les estime communément un bien plus grand nombre.

En supposant le nombre des domestiques de 50000 comme le total des habitans monte à 576630, il en résulteroit qu'il y a à Paris deux domestiques sur 23 habitans.

Les familles étant au nombre de 71114, & celles qui ont des domestiques étant de 17657, il en résulte que le quart des familles seulement a des domestiques, & que les 17657 familles en ont un peu moins de trois les unes dans les autres.

TOULON.

Il y a eu dans la ville de Toulon, depuis 1690 jusques & compris 1699. . . . .

Et depuis 1752 jusques & compris 1761. . . . .

NAISSANCES.	MARIAGES.
14163	3023
10731	1895

L'année commune des naissances de 1690 à 1700 étoit de 1416, laquelle multipliée par 28, donnoit. . . . . . 39648 habitans.

L'année commune des naissances de 1752 à 1762 a été de 1073, laquelle multipliée par 28, donne. . . 30044 habitans.

Le nombre des habitans de la ville de Toulon est moins considérable dans la seconde époque de 9604 ; ce qui fait une diminution d'environ un quart.

Les mariages de 1690 à 1700 ont produit, les uns dans les autres, 4 enfans $\frac{1}{2} \frac{1}{8} \frac{1}{16}$. . . . . 16 mariages ont donné 75 enfans.

Les mariages de 1752 à 1761 ont produit, les uns dans les autres, 5 enfans $\frac{1}{2} \frac{1}{8} \frac{1}{32}$. . . . . 16 mariages ont donné 90 enfans $\frac{1}{2}$.

La fécondité des mariages a été par conséquent beaucoup plus grande dans la dernière époque que dans la première.

Suivant ce qui eft rapporté dans la *Relation de la Pefte de Toulon*, imprimée à Paris en 1756, compofée par M. *D'Antrechaux*, premier Conful de Toulon pendant l'année 1721; on remarque, *page 45*, qu'on fit le dénombrement de la ville de Toulon au mois de Septembre 1720, & qu'il s'y trouva à cette époque 26276 perfonnes, fans y comprendre les troupes de la marine & de la garnifon.

L'on trouve dans ce même Ouvrage, *page 339*, qu'après la ceffation de la maladie on fit un nouveau dénombrement pour connoître toute l'étendue de la perte qui avoit été faite pendant la mortalité; ce dernier dénombrement ne porte le nombre des citoyens de Toulon qu'à 10493; en forte que la maladie en avoit emporté plus de 16000, attendu qu'une partie des troupes de la marine & de la garnifon, qui n'avoient pas été comprifes dans le premier dénombrement, périt par la maladie, ainfi que beaucoup d'étrangers qui n'avoient jamais été comptés au nombre des citoyens de Toulon.

On a fait voir, par les calculs précédens, que la ville de Toulon devoit contenir en 1762 30044 habitans de tout fexe & de tout âge; ce qui porteroit par conféquent une augmentation de population dans cette Ville à compter de 1722, temps auquel le dernier dénombrement fut fait, au triple de ce qu'elle étoit pour lors. Il n'eft pas cependant vraifemblable qu'une pareille augmentation de population fe puiffe opérer dans un efpace de temps auffi court; & il y a tout lieu de préfumer 1.° que dans les deux dénombremens qui ont été faits avant & après la maladie, on n'y a compris que les perfonnes en âge de raifon qu'on défigne communément fous le nom de *Communians*, & que tous les habitans au-deffous de cet âge n'ont pas fait partie de ces dénombremens.

2.° Quoiqu'on n'ait trouvé par le fecond dénombrement que 10493 habitans dans la ville de Toulon, il eft très-vraifem-

blable que le nombre en fut très-augmenté dès l'année fuivante, attendu le grand nombre de perfonnes forties de la Ville
dès le commencement de la maladie, & qui ne doivent y être
rentrées que longtemps après fa ceffation : & il en réfulte encore que malgré la différence de 16000 perfonnes qui fe trouve
entre les deux dénombremens, il y a toute apparence que la
mortalité n'a pas été portée à un nombre auffi confidérable,
parce que les citoyens qui s'étoient retirés de la Ville dans le
commencement de la maladie ont été compris dans le nombre de 16000 qui fe trouve de différence entre le premier & le fecond dénombrement. On ne peut même en douter, fi l'on fait attention qu'à la *page 338* de ce même Ouvrage
l'Auteur y rapporte un état des morts tant dans la Ville que
dans les Hôpitaux, montant en tout à 13283 perfonnes, nombre prodigieux, puifqu'en fuppofant l'année commune des morts
égale à celle des naiffances, elle ne pouvoit monter dans la
ville de Toulon en l'année 1700 qu'à 1416.

Ces réflexions conduifent à penfer que la ville de Toulon,
peuplée vraifemblablement en l'année 1700 de 39648 habitans de tout fexe & de tout âge, en a perdu par la pefte de
1721, 13283, enlevés par la maladie dans une feule année,
ce qui réduifoit le nombre réel & effectif des habitans de Toulon en 1722 à 26365 ; diminution énorme caufée par la maladie contagieufe, & qui fe fait encore fentir préfentement,
puifque le nombre des habitans de la ville de Toulon ne pouvoit être porté en 1762 qu'à 30044 ; mais une partie de la
perte étoit dès-lors réparée, & il fe trouvoit réellement en
1762, 3679 habitans de plus qu'au commencement de l'année
1722, augmentation qui n'eft pas hors de vraifemblance, &
qui fe trouve proportionnée à celle qu'on a remarquée dans
quelques autres villes du Royaume.

Dans le même Ouvrage, cité ci-deffus & à la *page 341*,

l'Auteur évalue la perte que fit la province de Provence par la pefte de 1720 & 1721 à 200000 ames : la ville d'Aix & de Marfeille ont éprouvé ce fléau dans une proportion au moins égale à celle de la ville de Toulon, & il n'eft pas étonnant que la population de ces deux Villes fe trouve confidérablement diminuée de ce qu'elle étoit en 1700.

La différence cependant entre les deux époques de 1700 & 1762 par rapport à la ville de Marfeille, n'eft que d'un quatorzième. Le grand commerce qui fe fait dans cette Ville & la grande induftrie de fes habitans n'ont pas peu contribué à réparer les malheurs de 1720 & de 1721, & cette Ville feroit confidérablement augmentée en population & même plus que celle de Lyon, fans la pefte dont elle a été affligée. La ville d'Aix, qui n'a pas les mêmes reffources que celle de Marfeille, fouffre davantage par rapport à la population, & doit être dans le même état que la ville de Toulon.

MARSEILLE.

Dans les six années qui se sont écoulées de 1696 jusques & compris 1701, il y a eu dans la ville de Marseille. . . . .

Et depuis 1752 jusques & compris 1757, il y a eu. . . . .

NAISSANCES.	MARIAGES.
20793	4801
19708	4262

L'année commune des naissances de 1696 à 1702 étoit de 3465, laquelle, multipliée par 28, donnoit. . . . . 97020 habitans,

L'année commune des naissances de 1752 à 1758 a été de 3218, laquelle, multipliée par 28, a donné. . . . . 90104 habitans,

Le nombre des habitans de la ville de Marseille est moins considérable dans la seconde époque de 6916, ce qui fait une diminution d'environ un quatorzième.

Les mariages de 1696 à 1702 ont produit, les uns dans les autres, 4 enfans $\frac{1}{4}$ $\frac{1}{16}$. . . . . 16 mariages ont donné 69 enfans,

Les mariages de 1752 à 1758

ont

ont produit, les uns dans les autres,

4 enfans $\frac{1}{2}$ $\frac{1}{8}$. . . . . 16 mariages ont donné 74 enfans.

Les mariages de 1752 à 1758
ont été par conséquent plus féconds
que ceux de 1696 à 1702.

La peste de 1721 a contribué nécessairement à la diminution des habitans de cette Ville, dont la population n'a pas
encore pû être entièrement réparée, il est même heureux qu'a-
près ce terrible fléau elle ne se trouve réellement diminuée
que d'un quatorzième.

Les Registres des naissances, mariages & morts de la Paroisse
de Saint - Martin, qui est la plus considérable, manquent ou
font défectueux pour les années antérieures à 1696, & c'est
par cette raison qu'il n'a pas été possible de remonter plus haut.

La Paroisse des Accoules est la seule où les Registres soient
en règle depuis 1690 jusqu'à 1700. Si on jugeoit sur cette Paroisse de la population de Marseille elle seroit augmentée. En effet, il y a eu depuis 1690 jusq. & compris 1699.

Et depuis 1752 jusques & compris 1762. . . . .

Mais pour déterminer d'une

NAISSANCES.	MARIAGES.	MORTS.
8216	1600	6584
8733	1335	4598

manière certaine l'augmentation ou la diminution de la population d'une Ville, il faut nécessairement avoir la totalité de ses
naissances, mariages & morts.

A I X.

Il y a eu dans la ville d'Aix depuis 1690 jufques & compris 1699. . . . .

Et depuis 1752 jufques & compris 1761. . . . .

NAISSANCES.	MARIAGES.
9889	2222
8223	1922

L'année commune des naiffances de 1690 à 1700 étoit de 989, laquelle, multipliée par 28, donnoit. . . . . 27692 habitans.

L'année commune des naiffances de 1752 à 1762 a été de 822, laquelle, multipliée par 28, a donné. . . . . 23016 habitans.

Le nombre des habitans de la ville d'Aix eft moins confidérable dans la feconde époque de 4676, ce qui fait une diminution d'un peu moins du fixième.

La pefte de 1721 eft la caufe de cette grande diminution. *Voyez* l'article de Toulon.

Les mariages de 1690 à 1700

ont produit, les uns dans les autres,

4 enfans $\frac{1}{4}$ $\frac{1}{8}$ $\frac{1}{16}$ $\frac{1}{64}$. . . . . 16 mariages ont donné 71 enfans $\frac{1}{4}$.

    Les mariages de 1752 à 1762
ont produit, les uns dans les autres,

4 enfans $\frac{1}{4}$ $\frac{1}{32}$. . . . . 16 mariages ont donné 68 enfans $\frac{1}{4}$.

    La fécondité des mariages est un
peu diminuée dans la seconde époque.

SAINT-ÉTIENNE EN FORÈS.

IL y a eu dans la ville de Saint-Etienne-en-Forès, Généralité de Lyon, depuis 1700 jusques & compris 1709. . . . .

Depuis 1748 jusques & compris 1757. . . . .

NAISSANCES.	MARIAGES.
8373	1425
8383	1456

L'année commune des naissances de 1700 à 1710 étoit de 837, laquelle, multipliée par 28, donnoit. . . . . 23436 habitans.

L'année commune des naissances de 1748 à 1758 a été de 838, laquelle, multipliée par 28, a donné. . . . . 23464 habitans.

Il résulte de cette comparaison, que le nombre des habitans de cette ville est absolument le même qu'en 1710.

Les mariages de 1700 à 1710 ont produit, les uns dans les autres, 5 enfans $\frac{1}{2}$ $\frac{1}{4}$ $\frac{1}{8}$. . . . . 16 mariages ont donné 94 enfans.

Les mariages de 1748 à 1758

ont produit, les uns dans les autres,

5 enfans $\frac{1}{2}$ $\frac{1}{4}$. . . . . 16 mariages ont donné 92 enfans.

Les mariages de 1748 à 1758 ont été par conséquent un peu moins féconds que ceux de 1700 à 1710.

CLERMONT-FERRAND.

LA ville de Clermont, à laquelle a été réunie celle de Mont-ferrand, qui n'en est séparée que par une très-petite distance, est la plus considérable de la province d'Auvergne. On se propose de faire connoître si la population de ces deux Villes, qui n'en forment qu'une seule présentement, est augmentée ou diminuée depuis la fin du dernier siècle.

Depuis 1690 jusques & compris 1699, il y a eu dans la ville de Clermont-Ferrand. . . . .

Et depuis 1753 jusques & compris 1762. . . . . . .

NAISSANCES.	MARIAGES	MORTS.
6111	1561	6270
7461	1735	5502

L'année commune des naissances de 1690 à 1700 étoit de 611, laquelle, multipliée par 28, donne. . . . . 17108 habitans.

L'année commune des naissances de 1753 à 1763 a été de 746, laquelle, multipliée par 28, donne. . . . . 20888 habitans.

Le nombre des habitans de la ville

de Clermont-Ferrand eft donc fupérieur dans la dernière époque de
3780, ce qui fait une augmentation de plus du cinquième.

Les mariages de 1690 à 1700
ont produit, les uns dans les autres,
3 enfans $\frac{1}{2} \frac{1}{4} \frac{1}{8} \frac{1}{14}$, c'eft-à-dire. . . . . 16 mariages ont donné 61 enfans $\frac{2}{3}$.

Les mariages de 1753 à 1763
ont produit, les uns dans les autres,
4 enfans $\frac{1}{4} \frac{1}{20}$, c'eft-à-dire. . . . . . 16 mariages ont donné 68 enfans $\frac{4}{5}$.

Les mariages de 1753 à 1763
ont été par conféquent beaucoup
plus féconds que ceux de 1690 à
1700.

Depuis 1690 jufques & compris 1699, il eft mort, année
commune, 627 perfonnes fur 17108, ce qui fait un mort fur
27 habitans.

Depuis 1753 jufques & compris 1762, il eft mort, année
commune, 550 perfonnes fur 20888, ce qui ne fait qu'un
mort fur 38 habitans.

La mortalité a par conféquent été beaucoup plus grande de
1690 à 1700 que de 1753 à 1763, ce qui doit être attribué
aux maladies des années 1693 & 1694, pendant lefquelles il
mourut dans cette Ville 2598 perfonnes, dont 1304 en 1693
& 1294 en 1694, ce qui faifoit en deux ans environ la fixième
partie des habitans de cette Ville, & furpaffoit l'année commune des morts de plus du double.

L'époque de 1753 à 1763 a auffi un très-grand avantage
fur celle de 1690 à 1700, en ce que dans celle-ci les morts
furpaffent les naiffances, & dans l'autre au contraire, les naiffances excèdent de beaucoup les morts.

Les morts des Hôpitaux de cette Ville ne font pas compris dans les calculs précédens; mais comme l'omiffion a lieu pour les deux époques, la comparaifon n'en eft pas moins exacte, puifque ces Hôpitaux exiftoient en 1700, & que les habitans en retiroient les mêmes fecours.

MONTAUBAN.

MONTAUBAN.

IL y a eu dans la ville de Montauban depuis 1700 jufques & compris 1709. . . . .

NAISSANCES.	MARIAGES.
6076	1495
6023	1413

Et depuis 1749 jufques & compris 1758. . . . .

L'année commune des naiffances de 1700 à 1710 étoit de 607, laquelle, multipliée par 28, donnoit. . . . . 16996 habitans.

L'année commune des naiffances de 1749 à 1759 a été de 602, laquelle, multipliée par 28, donne. . . . . 16856 habitans.

Il réfulte de la comparaifon du nombre des habitans de la ville de Montauban qui ont dû exifter dans les deux époques que la population de cette ville n'a fait que fe foutenir, & qu'elle eft même un peu diminuée.

Les mariages de 1700 à 1710 ont produit, les uns dans les autres, 4 enfans $\frac{1}{16}$, c'eft-à-dire que . . . 16 mariages ont donné 65 enfans

Les mariages de 1749 à 1759
ont produit, les uns dans les autres,
4 enfans $\frac{1}{4}$. . . . . 16 mariages ont donné 68 enfans.

Les mariages de 1749 à 1759
ont été par conséquent plus féconds
que ceux de 1700 à 1710.

CARCASSONNE.

DEPUIS 1689 jufques & compris 1698, il y a eu dans la ville de Carcaffone....

Et depuis 1749 jufques & compris 1758.......

NAISSANCES.	MARIAGES.	MORTS.
4949	1102	5419
5230	1138	4860

L'année commune des naiffances de 1689 à 1699 étoit de 495, laquelle, multipliée par 25, donne. . . . . 12375 habitans.

L'année commune des naiffances de 1749 à 1759 a été de 523, laquelle, multipliée par 25, a donné.. . . . . 13075 habitans.

Le nombre des habitans de cette ville eft fupérieur dans la feconde époque de 700, ce qui fait une augmentation de plus d'un dix - huitième.

Les mariages de 1689 à 1699 ont produit, les uns dans les autres, 4 enfans $\frac{1}{16}$. . . . . 16 mariages ont donné 72 enfans.

Les mariages de 1749 à 1759

Cc ij

ont produit, les uns dans les autres,

4 enfans $\frac{1}{2}$ $\frac{1}{16}$ $\frac{1}{32}$. . . . . 16 mariages ont donné 73 enfans $\frac{3}{16}$

Depuis 1689 jusques & compris 1698, il est mort, année commune, 542 personnes sur 12375, ce qui fait un mort sur 22 à 23 habitans.

Depuis 1749 jusques & compris 1758, il est mort, année commune, 486 personnes sur 13075, ce qui fait un mort sur 26 à 27 habitans.

La mortalité a été par conséquent moins grande de 1749 à 1759, que de 1689 à 1699. D'ailleurs dans cette époque les morts excèdent les naissances, & au contraire de 1749 à 1759 les naissances surpassent les morts.

R I O M.

LA ville de Riom, après celle de Clermont-Ferrand, est la plus considérable de la province d'Auvergne, & on se propose également de faire connoître si sa population est augmentée ou diminuée depuis la fin du dernier siècle.

On observe que la recherche des morts n'a point été faite dans cette ville.

Depuis 1690 jusques compris 1699, il y a eu dans la ville de Riom...................

Et depuis 1753 jusques & compris 1762................

NAISSANCES.	MARIAGES
4206	1006
4529	875

L'année commune des naissances de 1690 à 1700 étoit de 420, laquelle, multipliée par 25, donne. . 10500 habitans.

L'année commune des naissances de 1753 à 1763 a été de 453, laquelle, multipliée par 25, donne.. 11325 habitans.

Le nombre des habitans de la ville de Riom est donc supérieur dans la seconde époque de 825, ce qui fait une augmentation de plus du treizième, & dans la proportion de 51 à 55.

Les mariages de 1690 à 1700 ont produit, les uns dans les autres, 4 enfans $\frac{1}{8}$ $\frac{1}{16}$, c'eſt-à-dire. . . . . . 16 mariages ont donné 67 enfans.

Les mariages de 1753 à 1763 ont produit, les uns dans les autres, 5 enfans $\frac{1}{8}$ $\frac{1}{16}$, c'eſt-à-dire. . . . . . 16 mariages ont donné 83 enfans.

Les mariages de 1753 à 1763 ont été par conſéquent beaucoup plus féconds que ceux de 1690 à 1700.

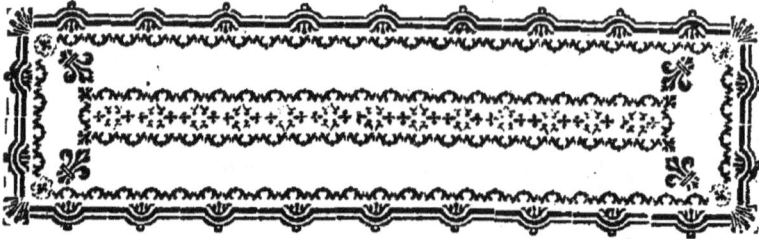

VALENCE
EN DAUPHINÉ.

Il y a eu dans la ville de Valence depuis 1690 jusques & compris 1699.........

Et depuis 1750 jusques & compris 1759...........

NAISSANCES.	MARIAGES.	MORTS.
2590	641	3022
2658	575	2686

L'année commune des naiffances de 1690 à 1700 étoit de 259, laquelle multipliée par 25, donnoit......... 6475 habitans.

L'année commune des naiffances de 1750 à 1760 a été de 266, laquelle multipliée par 25, a donné........ 6650 habitans.

Il réfulte de cette comparaifon, que le nombre des habitans de la ville de Valence eft un peu augmenté depuis 60 ans.

Les mariages 1690 à 1700

ont produit, les uns dans les autres, 4 enfans $\frac{1}{24}$, c'est-à-dire. . . . . 16 mariages ont donné 64. enfans $\frac{2}{3}$.

Les mariages de 1750 à 1760 ont produit, les uns dans les autres, 4 enfans $\frac{1}{2}$ $\frac{1}{8}$... 16 mariages ont donné 74 enfans.

Les mariages ont été par conséquent plus féconds de 1750 à 1760 que de 1690 à 1700.

Depuis 1690 jusques & compris 1699, il est mort, année commune, 302 personnes sur 6475, ce qui fait un mort sur 21 à 22 habitans.

Depuis 1750 jusques & compris 1759, il est mort, année commune, 269 personnes sur 6650, ce qui fait un mort sur 24 à 25 habitans.

La mortalité a par conséquent été moins grande de 1750 à 1760, que de 1690 à 1700.

Le nombre des morts de 1690 à 1700 excédoit de beaucoup les naissances ; dans la dernière époque les morts sont à peu de chose près égaux aux naissances.

R O A N N E.

ROANNE.

Il y a eu dans la ville de Roanne, Généralité de Lyon, depuis 1689 jusques & compris 1698. . . . .

Et depuis 1749 jusques & compris 1758. . . . .

NAISSANCES.	MARIAGES.
2038	483
2631	491

L'année commune des naiſ-ſances de 1689 à 1699 étoit de 204, laquelle, multipliée par 25, donne. . . . . 5100 habitans.

L'année commune des naiſ-ſances de 1749 à 1759 a été de 263, laquelle, multipliée par 25, donne. . . . . 6575 habitans.

Le nombre des habitans de cette ville eſt donc ſupérieur dans la ſeconde époque de 475 ; ce qui fait une aug-mention de plus du treizième.

Dd

Les mariages de 1689 à 1698 ont produit, les uns dans les autres, 4 enfans $\frac{1}{8}$ $\frac{1}{16}$ $\frac{1}{12}$. 16 mariages ont donné 67 enfans $\frac{1}{2}$.

Les mariages de 1749 à 1759 ont produit, les uns dans autres, 5 enfans $\frac{1}{4}$ $\frac{1}{8}$. . . . . . . 16 mariages ont donné 86 enfans.

Les mariages de 1749 à 1759 ont été par conséquent beaucoup plus féconds que ceux de 1689 à 1699.

VITRY=LE=FRANÇOIS.

Il y a eu dans la ville de Vitry-le-François en Champagne, depuis 1688 jusques & compris 1697. . . . . . .

Et depuis 1750 jusques & compris 1759. . . . .

NAISSANCES.	MARIAGES.	MORTS.
4164	794	3657
3496	545	2678

L'année commune des naissances de 1688 à 1698 étoit de 416, laquelle, multipliée par 25, donnoit. . . . . . . 10400 habitans.

L'année commune des naissances de 1750 à 1760 a été de 250, laquelle, multipliée par 25, donne. . . . . 6250 habitans.

Il résulte de cette comparaison, que le nombre des habitans de cette ville est considérablement diminué depuis 60 ans, & qu'il y en avoit en 1760 plus d'un tiers moins qu'en 1698.

Les mariages de 1688 à 1698 ont produit, les uns dans

Dd ij

les autres, 5 enfans $\frac{1}{4}$, c'est-
à-dire. . . . . 16 mariages ont donné 84 enfans.

Les mariages de 1750 à
1760 ont produit, les uns dans
les autres, 4 enfans $\frac{1}{2}$ $\frac{1}{16}$,
c'est-à-dire. . . . . 16 mariages ont donné 73 enfans.

Les mariages ont été par conféquent beaucoup moins féconds dans la feconde époque
que dans la première.

Depuis 1688 jufques & compris 1697, il eft mort, année
commune, 366 perfonnes fur 10400, ce qui fait un mort fur
28 à 29 habitans.

Depuis 1750 jufques & compris 1759, il eft mort, année
commune, 268 perfonnes fur 6250, ce qui fait un mort fur
23 à 24 habitans.

La mortalité de 1750 à 1760 a été beaucoup plus grande
que celle de 1688 à 1698. D'ailleurs les morts de cette époque
étoient au-deffous du nombre des naiffances ; au contraire, les
morts de 1750 à 1760 furpaffent les naiffances, ce qui eft
toujours une preuve de dépopulation.

E L B E U F.

IL y a eu dans la ville d'Elbeuf, Généralité de Rouen, depuis 1690 jusques & compris 1699. . . . .

Et depuis 1752 jusques & compris 1761. . . . .

NAISSANCES.	MARIAGES.	MORTS.
2083	407	2219
2464	476	2060

L'année commune des naiſſances de 1690 à 1700 étoit de 208, laquelle, multipliée par 25, donnoit. . . . . . . 5200 habitans.

L'année commune des naiſſances de 1752 à 1762 a été de 246, laquelle, multipliée par 25, a donné. . . . . 6150 habitans.

Le nombre des habitans de cette Ville eſt ſupérieur dans la dernière époque de 950, ce qui fait une augmentation de plus du ſixième.

Les mariages de 1690 à

1700 ont produit, les uns dans
les autres, 5 enfans & $\frac{1}{8}$. . . . 16 mariages ont donné 82 enfans.

Les mariages de 1752 à
1762 ont produit, les uns dans
les autres, 5 enfans $\frac{1}{8}$. $\frac{1}{16}$. . 16 mariages ont donné 83 enfans.

La fécondité des mariages a
été à peu de chose près la même
dans les deux époques.

Depuis 1690 jusques & compris 1699, il est mort, année commune, 222 personnes sur 5200, ce qui fait un mort sur 23 à 24 habitans.

Depuis 1752 jusques & compris 1761, il est mort, année commune, 206 personnes sur 6150, ce qui fait un mort sur 29 à 30 habitans.

La mortalité a été par conséquent beaucoup moins grande de 1752 à 1762, que de 1690 à 1700 ; & de plus, les morts de cette époque excédoient les naissances, au lieu que les naissances de 1752 à 1762 ont surpassé les morts.

L O U V I E R S.

Il y a eu dans la ville de Louviers, Généralité de Rouen, depuis 1690 jusques & compris 1699. . . . .

Et depuis 1752 jusques & compris 1761. . . . .

NAISSANCES.	MARIAGES.	MORTS.
1982	444	2218
2211	447	1755

L'année commune des naissances de 1690 à 1700 étoit de 198, laquelle, multipliée par 25, donnoit. . . . . 4950 habitans.

L'année commune des naissances de 1752 à 1762 a été de 221, laquelle, multipliée par 25, a donné. . . . . 5525 * habitans.

Le nombre des habitans de cette Ville est donc supérieur dans la seconde époque de

---

* Par le Dénombrement qui a été fait en 1764 des habitans de la ville de Louviers, il s'en est trouvé de tout âge & tout sexe 5791. Ce dénombrement a été fait de la manière la plus exacte par le Bailli, qui prétendoit, avant cette opération, que la ville de Louviers ne contenoit pas 4000 habitans.

575, ce qui fait une augmentation de plus du neuvième.

Les mariages de 1690 à
1700 ont produit, les uns dans
les autres 4 enfans $\frac{1}{2}$. . . . . . 16 mariages ont donné 72 enfans.

Les mariages de 1752 à
1762 ont produit, les uns dans
les autres, 4 enfans $\frac{1}{2}$ $\frac{1}{4}$ $\frac{1}{8}$ $\frac{1}{16}$. 16 mariages ont donné 73 enfans.

Depuis 1690 jusques & compris 1699, il est mort, année
commune, 222 personnes sur
4950, ce qui fait un mort sur
environ 22 habitans.

Depuis 1752 jusques & compris 1761, il est mort, année
commune, 175 personnes sur 5525, ce qui fait un mort sur
31 à 32 habitans.

La mortalité a été beaucoup moins grande de 1752 à 1762
que de 1690 à 1700; & de plus, les morts de cette époque
excédoient les naissances, au lieu que les naissances ont surpassé
les morts dans l'époque de 1752 à 1762.

HONFLEUR.

HONFLEUR.

Dans la ville d'Honfleur, Port de mer de la Généralité de Rouen, il y a eu depuis 1690 jufques & compris 1699.

Et depuis 1752 jufques & compris 1761. . . . .

Naissances.	Mariages.	Morts.
2593	660	2724
1751	478	1803

L'année commune des naiffances de 1690 à 1700 étoit de 259, laquelle multipliée par 25, donnoit. . . . . 6475 habitans.

L'année commune des naiffances de 1752 à 1762 a été de 175, laquelle multipliée, par 25, donne. . . . . 4375 habitans.

Le nombre des habitans de la ville d'Honfleur eft donc inférieur dans la dernière époque de 2100, ce qui fait une diminution de près du tiers.

Les mariages de 1690 1700 ont produit, les uns dans autres, 3 enfans $\frac{1}{2}$ $\frac{1}{4}$ $\frac{1}{8}$ $\frac{1}{16}$, c'eft-à-dire. . . . . 16 mariages ont donné 63 enfans.

Ee

Les mariages de 1752 à
1762 ont produit, les uns dans
les autres, 3 enfans $\frac{1}{2}$ $\frac{1}{8}$ $\frac{1}{16}$,
c'eft-à-dire. . . . . 16 mariages ont donné 59 enfans.

Les mariages de 1752 à
1762 ont été par conféquent
moins féconds que ceux de
1690 à 1700.

Depuis 1690 jufques & compris 1699, il eft mort, année
commune, 272 perfonnes fur 6475, ce qui fait un mort fur
près de 24 habitans.

Depuis 1752 jufques & compris 1761, il eft mort, année
commune, 180 perfonnes fur 4375, ce qui fait un mort fur
un peu plûs de 24 habitans.

La mortalité a été par conféquent un peu moins grande de
1752 à 1762 que de 1690 à 1700 ; mais dans l'une & l'autre
époque les morts excèdent les naiffances, preuve certaine du
dépériffement de la population de cette Ville.

S. E Z A N N E
EN BRIE.

IL y a eu dans la ville de Sezanne en Brie, Généralité de Châlons, depuis 1688 jusques compris 1697.

Et depuis 1748 jusques & compris 1757. . . . .

NAISSANCES.	MARIAGES.
1848	243
1605	292

L'année commune des naissances de 1688 à 1698 étoit de 185, laquelle, multipliée par 25, donnoit. . . . . 4625 habitans.

L'année commune des naissances de 1748 à 1758 a été de 160, laquelle, multipliée par 25, a donné. . . . . 4000 habitans.

Il résulte de cette comparaison qu'il y avoit dans cette ville en 1758 625 habitans de moins qu'en 1698, ce qui fait une diminution de plus du septième.

Les mariages de 1688 à 1698 ont produit, les uns dans les autres, 7 enfans $\frac{1}{2}$ $\frac{1}{16}$, c'est-à-dire. . . . . . 16 mariages ont donné 121 enfans.

Les mariages de 1748 à 1758

E e ij

ont produit, les uns dans les autres,
5 enfans $\frac{1}{2}$, c'eft-à-dire. . . . . 16 mariages ont donné 88. enfans.

Les mariages de 1748 à 1758 ont été par conféquent beaucoup moins féconds que ceux de 1688 à 1698.

MONTBRISON.

Il y a eu dans la ville de Montbrifon, Généralité de Lyon, depuis 1690 jufques & compris 1699. . .

Et depuis 1748 jufques & compris 1757. . . . .

NAISSANCES	MARIAGES.
2114	430
1899	436

L'année commune des naiffances de 1690 à 1700 étoit de 211 laquelle, multipliée par 25, donnoit. . . . . 5275 habitans.

L'année commune des naiffances de 1748 à 1758 a été de 190, laquelle, multipliée par 25, a donné. 4750 habitans.

Les habitansde cette ville étoient par conféquent moins nombreux dans la feconde époque qu'ils ne l'avoient été dans la première de 525, ce qui fait une diminution du dixième.

Les mariages de 1690 à 1700 ont produit, les uns dans les autres, 4 enfans $\frac{1}{2}$ $\frac{1}{4}$ $\frac{1}{8}$ $\frac{1}{32}$. . . . . . 16 mariages ont donné 78 enfans $\frac{1}{2}$.

Les mariages de 1748 à 1758 ont produit, les uns dans les autres, 4 enfans $\frac{1}{4}$ $\frac{1}{16}$ $\frac{1}{32}$. . . . . . 16 mariages ont donné 69 enfans $\frac{1}{4}$.

Les mariages de 1748 à 1758 ont été par conséquent beaucoup moins féconds que ceux de 1690 à 1700.

VILLEFRANCHE
EN BEAUJOLOIS.

IL y a eu dans la ville de Ville-
franche, Généralité de Lyon, depuis 1701 jusques & compris 1710.

Et depuis 1749 jusques & compris 1758 . . . .

NAISSANCES.	MARIAGES.
1030	223
1492	311

L'année commune des naissances
de 1701 à 1711 étoit de 103, laquelle, multipliée par 25, don-
noit. . . . . 2575 habitans.

L'année commune des naissances
de 1749 à 1759 a été de 149, la-
quelle, multipliée par 25, a donné 3725 habitans.

Les habitans de cette ville étoient
par conséquent plus nombreux en
1759 qu'ils ne l'avoient été en 1710
de 1150, ce qui fait une augmentation de la moitié en sus.

Les mariages de 1701 à 1711 ont
produit, les uns dans les autres,
4 enfans $\frac{1}{2}$. . . . . 16 mariages ont donné 72 enfans.

Les mariages de 1749 à 1759 ont

produit, les uns dans les autres,

4 enfans $\frac{1}{2}$ $\frac{1}{4}$ $\frac{1}{16}$ . . . . 16 mariages ont donné 77 enfans.

Les mariages ont été par conséquent plus féconds dans la seconde
époque que dans la première.

SAINT-

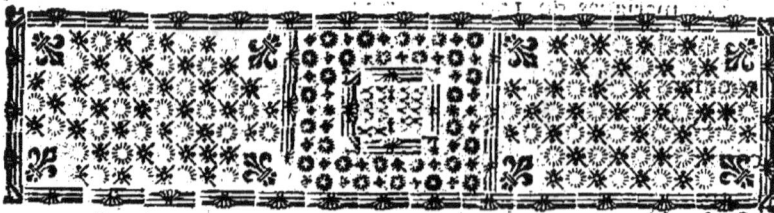

SAINT-CHAUMONT.

Il y a eu à Saint-Chaumont, petite ville de la Généralité de Lyon, Election de Saint-Etienne, depuis 1699 jusques & compris 1708. . . .

Et depuis 1749 jusques & compris 1758. . . . .

NAISSANCES.	MARIAGES.
1882	343
1957	377

L'année commune des naissances de 1699 à 1709 étoit de 188, laquelle, multipliée par 25, donnoit. . . . . 4700 habitans.

L'année commune des naissances de 1749 à 1759 a été de 196, laquelle, multipliée par 25, a donné. 4900 habitans.

Les habitans de cette ville étoient par conséquent plus nombreux en 1759 qu'ils ne l'avoient été en 1709 de 200, ce qui fait une augmentation d'un peu moins du vingt-quatrième.

Les mariages de 1699 à 1709 ont produit, les uns dans les autres, 5 enfans ½. . . . . 16 mariages ont donné 88 enfans.

Ff

Les mariages de 1749 à 1759
ont produit, les uns dans les autres,
5 enfans $\frac{1}{8}$ $\frac{1}{16}$. . . . . 16 mariages ont donné 83 enfans,

Les mariages ont été par conséquent moins féconds dans la seconde
époque que dans la première.

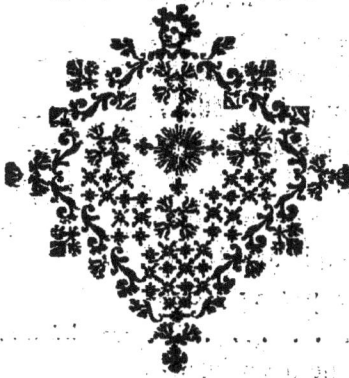

AURILLAC.

IL y a eu dans la ville d'Aurillac, Généralité d'Auvergne, depuis 1702 jusques & compris 1711. . . . .

NAISSANCES.	MARIAGES.
2341	489
2887	611

Et depuis 1747 jusques & compris 1756. . . . .

L'année commune des naissances de 1702 à 1712 étoit de 234, laquelle, multipliée par 25, donnoit.. 5850 habitans.

L'année commune des naissances de 1747 à 1757 a été de 289, laquelle, multipliée par 25, a donné. . . . . 7225 habitans.

Les habitans de cette ville étoient par conséquent plus nombreux en 1746 qu'ils ne l'avoient été en 1711 de 1375, ce qui fait une augmentation de plus d'un cinquième, & dans la proportion de 2 à 9.

Les mariages de 1702 à 1712 ont produit, les uns dans les autres, 4 enfans ½ ¼. . . . . 16 mariages ont donné 76 enfans.

Les mariages de 1747 à 1757 ont
produit, les uns dans les autres,
4 enfans $\frac{1}{2}$ $\frac{1}{4}$. . . . . 16 mariages ont donné 76 enfans.

La fécondité des mariges a été la
même dans les deux époques.

AMBERT.

Il y a eu dans la ville d'Ambert, Généralité d'Auvergne, Election d'Issoire, depuis 1691 jusques & compris 1700. . . . .

Et depuis 1747 jusques & compris 1756. . . . .

	NAISSANCES.	MARIAGES.
	1999	385
	2223	452

L'année commune des naissances de 1691 à 1701 étoit de 200, laquelle, multipliée par 25, donnoit. . . . . 5000 habitans.

L'année commune des naissances de 1747 à 1757 a été de 222, laquelle, multipliée par 25, donne. . 5550 habitans.

Les habitans de cette ville étoient par conséquent plus nombreux en 1756 qu'ils ne l'avoient été en 1700, de 550, ce qui fait une augmentation de plus du dixième.

Les mariages de 1691 à 1701 ont produit, les uns dans les autres, 5 enfans $\frac{1}{8}$ $\frac{1}{16}$. . . . . 16 mariages ont donné 83 enfans.

Les mariages de 1747 à 1757 ont produit, les uns dans les autres, 4 enfans $\frac{1}{2}$ $\frac{1}{4}$ $\frac{1}{8}$ $\frac{1}{16}$ . . . . 16 mariages ont donné 79 enfans.

Les mariages ont été moins féconds dans la seconde époque que dans la première.

ISSOIRE.

DANS la ville d'Issoire, Généralité d'Auvergne, il y a eu depuis 1690 jusques & compris 1699....

Et depuis 1747 jusques & compris 1756...............

NAISSANCES.	MARIAGES.
1257	319
1780	316

L'année commune des naissances de 1690 à 1700 étoit de 126, laquelle, multipliée par 25, donne... 3150 habitans.

L'année commune des naissances de 1747 à 1757 a été de 178, laquelle, multipliée par 25, a donné...................... 4450 habitans.

Les habitans de cette ville étoient par conséquent plus nombreux en 1757 qu'ils ne l'avoient été en 1700, de 1300, ce qui fait une augmentation de plus du tiers en sus.

Les mariages de 1690 à 1700 ont produit, les uns dans les autres, 3 enfans $\frac{1}{4}$ $\frac{1}{8}$ $\frac{1}{16}$................ 16 mariages ont donné 63 enfans,

Les mariages de 1747 à 1757 ont produit, les uns dans les autres, 5 enfans $\frac{1}{2}$ $\frac{1}{8}$. . . . . 16 mariages ont donné 90 enfans.

La fécondité des mariages a été par conséquent plus grande dans la dernière époque que dans la première.

. . . . ***VERNON.***

VERNON.

DANS la ville de Vernon, Généralité de Rouen, Election des Andelis, il y a eu depuis 1690 jusques & compris 1699.

Et depuis 1752 & jusques & compris 1761. . . . .

NAISSANCES.	MARIAGES.	MORTS.
1751	372	1803
1248	247	1260

L'année commune des naissances de 1690 à 1700 étoit de 175, laquelle, multipliée par 25, donnoit. . . . . 4375 habitans.

L'année commune des naissances de 1752 à 1762 a été de 125, laquelle, multipliée par 25, a donné. . . . . 3125 habitans.

Les habitans ont été par conséquent moins nombreux en 1762 qu'ils ne l'avoient été en 1700, de 1250, ce qui fait une diminution de plus du quart, & dans la proportion de 7 à 5.

Les mariages de 1690 à 1700 ont produit, les uns dans les autres, 4 enfans $\frac{1}{2}$ $\frac{1}{8}$ $\frac{1}{16}$. . . . . . . 16 mariages ont donné 75 enfans.

Les mariages de 1752 à 1762
ont produit, les uns dans les au-
tres, 5 enfans $\frac{1}{16}$. . . . . 16 mariages ont donné 81 enfans.

Les mariages de 1752 à 1762
ont été par conséquent plus féconds que ceux de 1690 à 1700.

Depuis 1690 jusques & compris 1699, il est mort, année
commune, 180 personnes sur 4375, ce qui fait un mort sur
24 à 25 habitans.

Depuis 1752 jusques & compris 1761, il est mort, année
commune, 126 personnes sur 3125, ce qui fait un mort sur
près de 25 habitans.

La mortalité a été par conséquent à-peu-près la même dans
les deux époques.

G I S O R S.

Dans la ville de Gisors, Généralité de Rouen, il y a eu depuis 1690 jusques & compris 1699. . . . .

Et depuis 1752 jusques & compris 1761. . . . .

NAISSANCES.	MARIAGES.	MORTS.
1185	245	1100
1047	221	893

L'année commune des naissances de 1690 à 1700 étoit de 118, laquelle, multipliée par 25, donnoit. . . . . 2950 habitans.

L'année commune des naissances de 1752 à 1762, a été de 105, laquelle, multipliée par 25, a donné. . . . . 2625 habitans.

Les habitans de cette ville ont été par conséquent moins nombreux en 1762 qu'ils ne l'avoient été en 1700 de 325, ce qui fait une diminution de près d'un neuvième.

Les mariages de 1690 à 1700 ont produit, les uns dans les autres, 4 enfans $\frac{1}{2}$ $\frac{1}{4}$ $\frac{1}{16}$ $\frac{1}{32}$. . . . . 16 mariages ont donné 77 enfans $\frac{1}{2}$.

Gg ij

Les mariages de 1752 à 1762
ont produit , les uns dans les au-
tres, 4 enfans ½ ¼ . . . . 16 mariages ont donné 76 enfans.

La fécondité des mariages a
été à-peu-près la même dans les
deux époques.

Depuis 1690 jusques & compris 1699, il est mort , année commune 110 personnes sur 2950, ce qui fait un mort sur près de 27 habitans.

Depuis 1752 jusques & compris 1761 , il est mort , année commune , 89 personnes sur 2625, ce qui fait un mort sur un peu plus de 29 habitans.

La mortalité de 1752 à 1762 a été par conséquent moins grande que celle de 1690 à 1700.

PONTEAU-DE-MER.

IL y a eu dans la ville de Ponteau-de-mer, Généralité de Rouen, depuis 1690 jusques & compris 1699...........

Et depuis 1752 jusques & compris 1761............

NAISSANCES.	MARIAGES.	MORTS.
2149	469	2847
1402	374	1063

L'année commune des naissances de 1690 à 1700 étoit de 215, laquelle, multipliée par 25, donnoit............... 5375 habitans.

L'année commune des naissances de 1752 à 1761 a été de 140, laquelle, multipliée par 25, donne............ 3500 habitans.

Les habitans sont plus nombreux dans la première époque que dans la seconde de 1875, ce qui fait une diminution dans la proportion de 31 à 23.

Les mariages de 1690 à 1700 ont produit, les uns dans les autres, 4 enfans $\frac{1}{2}$ $\frac{1}{16}$. . . . . . . 16 mariages ont donné 73 enfans.

Les mariages de 1752 à 1762
ont produit, les uns dans les au-
tres, 3 enfans $\frac{1}{2}$ $\frac{1}{4}$. . . . . . . 16 mariages ont donné 60 enfans.

La fécondité des mariages a
été par conséquent beaucoup
moins grande dans la seconde
époque que dans la première.

Depuis 1690 jusques & compris 1699, il est mort, année
commune, 285 personnes sur 5375, ce qui fait un mort sur
20 habitans.

Depuis 1752 jusques & compris 1761, il est mort, année
commune 106 personnes sur 3500, ce qui fait un mort sur 33
habitans.

La mortalité de 1690 à 1700 a été beaucoup plus grande que
celle de 1752 à 1762, ce qui doit être attribué à la mortalité
de 1693 à 1694, dont cette ville, ainsi que toute la Généralité de Rouen, fut horriblement ravagée.

NEUFCHATEL.

Il y a eu dans la ville de Neuf-châtel, Généralité de Rouen, depuis 1690 jusques & compris 1699. . . . .

Et depuis 1752 jusques & compris 1761. . . . .

NAISSANCES.	MARIAGES.	MORTS.
989	194	1081
732	151	742

L'année commune des naissances de 1690 à 1700 étoit de 99, laquelle, multipliée par 25, donne. . . . . 2475 habitans.

L'année commune des naissances de 1752 à 1762 a été de 73, laquelle, multipliée par 25, donne. . . . . 1825 habitans.

Les habitans ont été par conséquent moins nombreux en 1762 qu'ils ne l'avoient été en 1700 de 650, ce qui fait une diminution de plus du quart, & dans la proportion de 61 à 45.

Les mariages de 1690 à 1700 ont produit, les uns dans les autres, 5 enfans $\frac{1}{16} \frac{1}{32}$. . . . . . . 16 mariages ont donné 81 enfans $\frac{1}{2}$.

Les mariages de 1752 à 1762
ont produit, les uns dans les au-
4 enfans $\frac{1}{2}$ $\frac{1}{4}$ $\frac{1}{8}$ . . . . 16 mariages ont donné 78 enfans.

Les mariages de 1752 à 1762
ont été par conséquent un peu
moins féconds que ceux de 1690
à 1700.

Depuis 1690 jusques & compris 1699, il est mort, année
commune 108 personnes sur 2475, ce qui fait un mort sur
23 habitans.

Depuis 1752 jusques & compris 1761, il est mort, année
commune 74 personnes sur 1825, ce qui fait un mort sur 24
à 25 habitans.

La mortalité de 1752 à 1762 a été par conséquent un peu
moins grande que celle de 1690 à 1700.

PONT.

PONT-L'EVÊQUE.

IL y a eu dans la ville de Pont-l'Evêque, Généralité de Rouen, depuis 1690 jusques & compris 1699.....

Et depuis 1752 jusques & compris 1761.......

NAISSANCES.	MARIAGES	MORTS.
818	203	976
527	106	512

L'année commune des naissances de 1690 à 1700 étoit de 82; laquelle, multipliée par 25, donnoit... 2050 habitans.

L'année commune des naissances de 1752 à 1762 a été de 53, laquelle, multipliée par 25, donne.... 1325 habitans.

Les habitans ont été par conséquent moins nombreux en 1762 qu'ils ne l'avoient été en 1700, de 725; ce qui fait une diminution de plus du tiers, & dans la proportion de 34 à 22.

Hh

Les mariages de 1690 à
1700 ont produit, les uns
dans les autres, 4 enfans.. 16 mariages ont donné 64 enfans.

Les mariages de 1752 à
1762 ont produit, les uns
dans les autres, 5 enfans... 16 mariages ont donné 80 enfans.

Les mariages de 1752 à
1762 ont été par conséquent
plus féconds que ceux de
1690 à 1700.

Depuis 1690 jusques & compris 1699, il est mort, année
commune, 98 personnes sur 2050, ce qui fait un mort sur 21
habitans.

Depuis 1752 jusques & compris 1761, il est mort, année
commune, 51 personnes sur 1325, ce qui fait un mort sur
26 habitans.

La mortalité de 1690 à 1700, a été par conséquent beaucoup plus grande que celle de 1752 à 1762, ce qui doit être
attribué à la mortalité de 1693 à 1694.

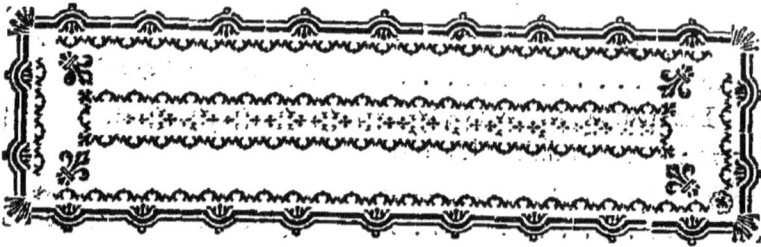

LE HAVRE.

Dans la ville du Havre-de-Grace , Port de mer confidérable de la Généralité de Rouen, il y a eu depuis 1690 jusques & compris 1699. . . .

Et depuis 1752 jusques & compris 1761. . . . .

NAISSANCES.	MARIAGES.	MORTS.
5044	1168	5907
5370	1192	4185

L'année commune des naiffances de 1690 à 1700 étoit de 504, laquelle, multipliée par 27 ½, donnoit. . . . . . . 13860 habitans.

L'année commune des naiffances de 1752 à 1762 a été de 537, laquelle multipliée par 27 ½, a donné. . . . . . . 14767 habitans.

Le nombre des habitans de la ville du Havre eft donc fupérieur dans la dernière époque de 907; ce qui fait une augmentation de plus du 16ᵉ, & dans la proportion de 61 à 65.

Les mariages 1690 à 1700

Hh ij

ont produit, les uns dans les
autres, 4 enfans $\frac{1}{4}$ $\frac{1}{16}$, c'eft-à-
dire . . . . 16 mariages ont donné 69 enfans.

Les mariages de 1752 à
1762 ont produit, les uns
dans les autres, 4 enfans $\frac{1}{2}$, c'eft-
à-dire . . . . 16 mariages ont donné 72 enfans.

Les mariages de 1752 à
1762 ont été par conféquent
plus féconds que ceux de
1690 à 1700.

Depuis 1690 jufques & compris 1699, il eft mort, année
commune, 590 perfonnes fur 13,860 ; ce qui fait deux morts
fur 47 habitans.

Depuis 1752 jufques & compris 1761, il eft mort, année
commune, 418 perfonnes fur 14767 ; ce qui ne fait qu'un
mort fur 35 habitans.

La mortalité a par conféquent été beaucoup plus grande
de 1690 à 1700, que de 1752 à 1762 ; ce qui doit être
attribué aux maladies des années 1693 & 1694, pendant lefquelles il mourut dans cette Ville 1697 perfonnes, dont 745
en 1693, & 952 en 1694 ; ce qui faifoit environ la huitième
partie des habitans enlevés dans l'efpace de deux années, &
furpaffoit l'année commune des morts d'une moitié en fus.

Les morts de l'Hôpital de cette Ville ne font pas compris
dans les deux époques, mais la comparaifon n'en eft pas moins
exacte, puifque cet Hôpital exiftoit en 1700, & que les habitans en retiroient les mêmes fecours.

Les Maire & Echevins de la ville du Havre rendirent une
Ordonnance le 18 Janvier 1763 pour parvenir à un dénombrement général de tous les habitans de cette Ville. Il eft vrai-

femblable que ce dénombrement a été fait avec foin, on peut par conféquent compter fur fon exactitude. Suivant ce dénombrement, la ville du Havre s'eft trouvée peuplée de 14653 habitans de tout âge & de tout fexe, nombre égal, à très-peu de chofe près, à celui trouvé par l'année commune des naiffances multipliée par 27 $\frac{1}{2}$; ce calcul avoit été employé longtems avant l'opération du dénombrement, & les Maire & Echevins penfoient alors que leur Ville contenoit plus de 25000 habitans. Cette erreur eft commune à tous les habitans des grandes villes, qui veulent déterminer leur nombre fans faire les recherches qui peuvent feules conduire à la connoiffance de la vérité.

AVIGNON.

Monsieur l'Abbé Expilly rapporte dans son *Dictionnaire de la France*, le nombre des naissances & des morts de la ville d'Avignon depuis 1691 jusques & compris 1700, & depuis 1753 jusques & compris 1762. Il a fait la même recherche sur 38 Villes, Bourgs, ou Paroisses du Diocèse de Vaison, & on va s'en servir pour composer des tables pareilles à celles qui ont été dressées sur quelques villes des Généralités d'Auvergne, de Lyon & de Rouen.

Depuis 1691 jusques & compris 1700, il y a eu dans la ville d'Avignon. . . . .

Depuis 1753 jusques & compris 1762. . . . .

Naissances.	Morts
8323	7398
8531	6602

L'année commune des naissances de 1691 à 1701 étoit de 832, laquelle, multipliée par 28, * donnoit. . . . . 23296 habitans.

L'année commune des naissances de 1753 à 1763 a été de 853, laquelle, multipliée par 28, donne. . 23824 habitans.

---

* En 1539 ont fit aussi le dénombrement des habitans d'Avignon, & ils ne montoient alors qu'à 15340.

Le nombre des habitans de la ville d'Avignon eſt donc ſupérieur dans la dernière époque de 588; ce qui fait une augmentation de plus du quarantième, & dans la proportion de
119 à 121.

DIOCESE DE VAISON.

DEPUIS 1691 jufques & compris 1701, il y a eu, dans 38 Villes, Bourgs & Paroiffes du Diocèfe de Vaifon. . . . .

Depuis 1753 jufques & compris 1762. . . . .

NAISSANCES.	MARIAGES.
10231	2213
11828	2381

On ignore la proportion qui exifte entre l'année commune des naiffances & le nombre des habitans du Diocèfe de Vaifon ; le nombre proportionnel qu'on a employé pour la ville d'Avignon feroit certainement trop fort ; & il eft plus naturel d'employer la regle de 25 qu'on a adoptée pour la Généralité d'Auvergne , & qui tient le milieu entre le nombre 24 employé dans la Généralité de Lyon , & le nombre 27 ½ employé dans la Généralité de Rouen ; il y a grande apparence que la multiplication par 25 ne s'éloignera pas beaucoup de la vérité.

L'année commune des naiffances de 1691 à 1701 étoit de 1023, laquelle, multipliée par 25, donnoit. . . . . 25575 habitans.

L'année commune des naiffances de 1753 à 1763 a été de 1183, laquelle, multipliée par 25, a donné. . . . . 29575 habitans.

Le

Le nombre des habitans du Diocèse de Vaison est donc supérieur
dans la dernière époque de 4000,
ce qui fait une augmentation de
plus du sixième, & dans la proportion de 96 à 111.

Les mariages de 1691 à 1701
ont produit, les uns dans les autres,
4 enfans $\frac{1}{4}\frac{1}{8}$, c'est-à-dire que . . . 16 mariages ont donné 74 enfans.

Les mariages de 1753 à 1763
ont produit, les uns dans les autres,
5 enfans, c'est-à-dire. . . . . . . 16 mariages ont donné 80 enfans.

Les mariages de 1753 à 1763
ont été par conséquent beaucoup
plus féconds que ceux de 1690 à
1701.

G E N E V E.

Il y a eu dans la ville de Geneve, depuis 1695 jufques & compris 1704. . . . .

Et depuis 1749 jufques & compris 1758. . . . .

NAISSANCES.	MARIAGES.	MORTS.
6288	1173	5768
7118	1937	6795

L'année commune des naiffances de 1695 à 1705 étoit de 629, laquelle, multipliée par 28, donnoit. . . . . 17612 habitans.

L'année commune des naiffances de 1749 à 1759 a été de 712, laquelle, multipliée par 28, a donné. . . . . . . 19936 habitans.

Le nombre des habitans de la ville de Geneve eft donc fupérieur dans la dernière époque de 2490 ; ce qui fait une augmentation de plus d'un huitième, & dans la proportion de 91 à 103.

Les mariages de 1695 à

1705 ont produit, les uns dans les autres 5 enfans $\frac{1}{2}\frac{1}{8}$, c'est-à-dire. . . . . 16 mariages ont donné 86 enfans.

Les mariages de 1749 à 1759 ont produit, les uns dans les autres, 3 enfans $\frac{1}{2}\frac{1}{8}\frac{1}{32}\frac{1}{64}$, c'est-à-dire. . . . . 16 mariages ont donné 58 enfans $\frac{1}{4}$.

Les mariages de 1649 à 1759 paroissent avoir été beaucoup moins féconds que ceux de 1695 à 1705, mais cette diminution de fécondité est trop considérable pour exister. Il y a grande apparence qu'elle n'est pas réelle, & qu'elle provient plutôt de ce qu'un grand nombre de François Protestans & habitans les provinces de Dauphiné, de Bresse & de Lyon vont s'y marier ; d'ailleurs on peut attribuer aussi cette différence de fécondité aux Réfugiés François mariés en France, & qui s'étoient retirés à Geneve après la révocation de l'Edit de Nantes, au lieu qu'à présent le contraire arrive ; on va se marier à Geneve & on revient ensuite en France.

Comparaison de la population actuelle avec celle qui exiftoit autrefois dans les Villes ci-devant rapportées, & dont la recherche des Naiffances, Mariages & Morts eft complette.

NOMS. des VILLES.	NAISSANCES durant 10 ans.		MARIAGES. durant 10 ans.		MORTS durant 10 ans.	
	I.re Epoque.	II.de Epoque.	I.re Epoque.	II.de Epoque.	I.re Epoque.	II.de Epoque.
PARIS.	169882	192213	41186	42083	173933	192251
GENEVE.	6288	7118	1173	1937	5768	6795
CLERMONT.	6111	7461	1561	1735	6270	5502
LE HAVRE.	5044	5370	1168	1192	5907	4185
CARCASSONNE.	4949	5230	1102	1138	5419	4860
VALENCE.	2590	2658	641	575	3022	2686
VITRY-LE-FRANÇOIS.	4164	2496	794	545	3657	2678
ELBEUF.	2083	2464	407	476	2219	2063
LOUVIERS.	1982	2211	444	447	2218	1755
HONFLEUR.	2593	1751	660	478	2724	1803
PONT-AUDEMER.	2149	1402	469	374	2847	1063
VERNON.	1751	1248	372	247	1803	1260
GISORS.	1185	1047	245	221	1100	893
NEUFCHÂTEL.	989	732	194	151	1081	742
PONT-L'EVÊQUE.	818	527	203	106	976	512
	212578	233928	50619	51705	218944	229048

Il réfulte de cette comparaifon,

1.° Que les naiffances de la feconde époque font en plus grand nombre que celle de la première de 21350, ce qui fait une augmentation de population de plus du dixième, & dans la proportion de 896 à 986.

2.º Les mariages de la feconde époque furpaffent de 1086 ceux de la première époque, & ont été plus féconds.

Les mariages de la première époque ont rendu, les uns dans les autres, 4 enfans $\frac{1}{8}$ $\frac{1}{16}$ $\frac{1}{64}$.. 16 mariages ont donné 67 enfans $\frac{5}{4}$.

Et ceux de la feconde époque ont produit, les uns dans les autres, 4 enfans $\frac{1}{2}$ $\frac{1}{48}$ $\frac{1}{96}$. 16 mariages ont donné 72 enfans $\frac{1}{3}$ $\frac{1}{6}$.

3.º Que la mortalité a été plus grande dans la première époque que dans la feconde, puifque les morts de la première époque excèdent les naiffances, au lieu que les naiffances de la feconde époque furpaffent les morts.

Comparaison de la population actuelle avec celle qui exiſtoit autrefois dans les Villes rapportées ci-devant, & dont la recherche des Morts manque.

NOMS des VILLES.	NAISSANCES durant 10 ans.		MARIAGES durant 10 ans.	
	I.re Epoque.	II.de Epoque.	I.re Epoque.	II.de Epoque.
MARSELLE.	20793	19708	4801	4262
TOULON.	14163	10731	3023	1895
AIX.	9889	8223	2222	1922
SAINT-ETIENNE.	8373	8383	1425	1456
MONTAUBAN.	6076	6023	1495	1413
RIOM.	4206	4529	1006	875
AURILLAC.	2341	2887	489	611
ROANNE.	2038	2631	483	491
AMBERT.	1999	2223	385	452
SAINT-CHAUMONT.	1882	1957	343	377
MONTBRISON.	2114	1899	430	436
ISSOIRE.	1257	1780	319	316
SEZANNE.	1848	1605	243	292
VILLEFRANCHE.	1030	1492	223	311
DIOCÈSE DE VAISON.	10231	11828	2213	2381
	88240	85899	19100	17490
LA VILLE D'AVIGNON.	8323	8531		
	96563	94430		

Il réſulte de cette comparaiſon,

1.º Que les naiſſances de la première époque ſont ſupérieures à celles de la ſeconde de 2133; ce qui fait une diminution d'environ un quinzième, & dans la proportion de 181 à 177.

Cette diminution, qui n'est rien par elle-même, paroîtra encore moins considérable & cessera d'en être une si l'on fait attention que les seules villes de Marseille, Toulon & Aix sont diminuées de plus d'un huitième ; ce qu'on ne peut attribuer qu'au malheur de la peste de 1721, comme on l'a observé à l'article particulier de ces Villes.

2.° Que les mariages de la seconde époque ont été plus féconds que ceux de la première ; en effet, dans la première époque il y a eu 19100 mariages, & 88240 naissances, sans y comprendre celles de la ville d'Avignon, dont on n'a pas les mariages, ce qui fait pour les mariages, les uns dans les autres, 4 enfans $\frac{1}{2}$ $\frac{1}{8}$ . . . . 16 mariages ont donné 74 enfans.

Et dans la seconde époque il y a eu 17490, mariages & 85899 naissances ; ce qui fait pour les mariages les uns dans les autres, 4 enfans $\frac{1}{2}$ $\frac{1}{4}$ $\frac{1}{8}$ & $\frac{1}{32}$ . . . . 16 mariages ont donné 78 enfans $\frac{1}{2}$.

PROVENCE.

MONSIEUR l'Abbé Expilly rapporte à la fin du troisième Volume de son *Dictionnaire* le nombre des Naissances, Mariages & Morts depuis 1690 jusques & compris 1701, & depuis 1752 jusques & compris 1763 d'un grand nombre de Paroisses de différentes provinces du Royaume. On a choisi parmi toutes ces Paroisses celles dont la recherche des naissances, Mariages & morts étoit complette pour les deux époques de 1690 à 1701, & de 1752 à 1763, & on en a formé des comparaisons pour servir à connoître l'état de la population dans les Provinces où ces recherches ont été faites. On va rapporter ici ces comparaisons.

On rapportera à la *pag.* 265 l'article concernant la Principauté de Dombes qui se trouve également dans le Dictionnaire de M. l'Abbé Expilly.

Comparaison

Comparaison des naiſſances, mariages & morts depuis 1690 juſques & compris 1701, & depuis 1752 juſques & compris 1763, de 379 Paroiſſes de la province & intendance de Provence...

Dans ces 379 Paroiſſes il y a eu depuis 1690 juſques & compris 1701.............

Et depuis 1752 juſques & compris 1763..........

Les naiſſances de la ſeconde époque ſont ſupérieures à celles

NAISSANCES.	MARIAGES.	MORTS.
163578	37039	124761
171468	31959	141531

de la première de 7890; ce qui fait une augmentation en faveur de la population actuelle d'environ un vingtième, & dans la proportion de 83 à 87.

De 1690 à 1701, 16 mariages ont donné...... 70 enfans $\frac{1}{2} \frac{1}{6}$.

De 1752 à 1763, 16 mariages ont donné...... 85 enfans $\frac{1}{3} \frac{1}{6}$.

La grande fécondité qu'on remarque dans les mariages de la ſeconde époque eſt très-conſidérable. Elle peut provenir de ce que les mariages des Proteſtans n'étant point inſcrits ſur les Regiſtres, ils ne ſont pas compris dans les 31959; & c'eſt peut-être la raiſon de ce que le nombre des mariages paroît diminué, quoiqu'il y ait une augmentation dans celui des naiſſances.

Les morts de la ſeconde époque ſont ſupérieurs à ceux de la première de 16770; ce qui fait une augmentation de plus du huitième, & dans la proportion de 119 à 135.

Cette augmentation, bien ſupérieure à celle des naiſſances, ne peut être attribuée qu'à ce que, depuis l'Ordonnance de

K k

1736, les Curés font bien plus exacts qu'ils ne l'étoient à inscrire les morts sur leurs Regiftres.

En réuniffant à la population des 379 Paroiffes celles des villes de Toulon, Aix & Marfeille, on trouve que l'année commune de ces Villes & Paroiffes montoit en 1701 à ... 19501 & en 1763 à . . . . 19402 d'où il réfulte que la population actuelle de la Provence eft dans le même état où elle étoit en 1701, & que par conféquent les ravages de la pefte de 1720 & 1721 font heureufement réparés.

AUCH ET PAU.

Comparaison des naissances, mariages & morts depuis 1690 jusques & compris 1701, & depuis 1752 jusques & compris 1763, dans 248 Paroisses du Département & de la Généralité d'Auch & Pau.

	Naissances.	Mariages.	Morts.	Naissances.	Mariages.	Morts.
DEPUIS 1690 jusq. & compris 1701 dans 147 Paroisses du Diocèse de Dax. . . .	39741	10382	33261			
Dans 82 du Diocèse de Lombès.	15230	3603	14993	58055	14785	51107
Et dans 19 du Dioc. de Rieux. .	3084	890	2853			
Et depuis 1752 jusq. & compris 1763 dans les 147 Paroisses du Diocèse de Dax. .	43375	9823	36202			
Dans les 82 du Diocèse de Lombès.	13646	2995	10592	60644	13571	49059
Et dans les 19 du Diocèse de Rieux.	3623	753	2265			

Kk ij

Les naiſſances de la ſeconde époque ſont ſupérieures à celles de la première de 2589 ; ce qui fait une augmentation en faveur de la population actuelle d'environ un vingt-deuxième, & dans la proportion de 269 à 281.

De 1690 à 1701, 16 mariages ont produit.. 62 enfans $\frac{1}{2}$ $\frac{1}{4}$ $\frac{1}{8}$.

De 1752 à 1763, 16 mariages ont produit.. 71 enfans $\frac{1}{2}$.

Les mariages de cette Province ſont dans le même cas de ceux de la Provence. *Voyez* l'obſervation qui y a été faite.

Les morts de la ſeconde époque ſont inférieurs à ceux de la première de 2048 ; ce qui fait une diminution dans la mortalité d'environ un vingt-cinquième.

BOURGOGNE.

Comparaison des naissances, mariages & morts depuis 1690 jusques & compris 1701, & depuis 1752 jusques & compris 1763 de 308 Paroisses de la province & intendance de Bourgogne.

Dans ces 308 Paroisses il y a eu depuis 1690 jusques & compris 1701. . . . .

Et depuis 1752 jusques & compris 1763. . . . .

Les naissances de la seconde époque sont supérieures à celles

NAISSANCES.	MARIAGES.	MORTS.
80007	17661	61601
96689	20091	71441

de la première de 16682 ; ce qui fait, en faveur de la population actuelle, une augmentation de plus du cinquième, & dans la proportion de 96 à 116.

De 1690 à 1701, 16 mariages ont donné. . . . . . 72 enfans $\frac{1}{2}$.

De 1752 à 1763, 16 mariages ont donné. . . . . . 77 enfans.

Les morts de la seconde époque sont supérieurs

à ceux de la première de 9840 ; ce qui fait une augmentation de plus du feptième, & dans la proportion de 601 à 697.

On peut conclure de cette comparaison trois chofes avantageufes à la population actuelle de la Bourgogne.

1.º Que le nombre des habitans y eft augmenté confidérablement dans l'efpace de 60 ans.

2.º Que les mariages y font plus féconds aujourd'hui qu'ils ne l'étoient autrefois.

3.º Enfin , que la mortalité y a été moins grande dans la dernière époque que dans la première , puifque les naiffances y font augmentées de plus du cinquième, & que les morts n'ont pris d'accroiffement que d'environ un feptième.

A L E N Ç O N.

Comparaison des naiſſances, mariages & morts depuis 1690 juſques & compris 1701, & depuis 1752 juſques & compris 1763 de 384 Paroiſſes du Département & de la Généralité d'Alençon en Normandie.

Dans ces 384 Paroiſſes il y a eu depuis 1690 juſques & compris 1701.

SÇAVOIR,

	Naiſſances.	Mariages	Morts.	Naiſſances.	Mariages.	Morts.
Dans 162 Paroiſſes de l'Election de Falaiſe...	24959	6068	14773			
Dans 82 de l'Election de Verneuil......	17194	4254	15720			
Dans 62 de l'Elect. de Mortagne.......	18194	4306	15727	77664	18707	60700
Dans 44 de l'Election de Liſieux........	6528	1691	5520			
Dans 34 de l'Election d'Alençon........	10789	2388	8960			

Et depuis 1752 jufques & compris 1763,

S ç A V O I R;

	Naiffances.	Mariages.	Morts.		Naiffances.	Mariages.	Morts.
Dans les 162 Paroiffes de l'Election de Falaife.	29107	6699	21086				
Dans les 82 de Verneuil. . . .	17210	4089	15928				
Dans les 62 de Mortagne. . . .	19812	4375	15233	83628	19387	66055
Dans les 44 de Lifieux. . .	6216	1713	4797				
Et dans les 34 d'Alençon. . .	11283	2511	9011				

Les naiffances de la feconde époque font fupérieures à celles de la première de 5964; ce qui fait une augmentation en faveur de la population actuelle d'un treizième, & dans la proportion de 13 à 14.

De 1690 à 1701, 16 mariages ont donné. . . . . 66 enfans $\frac{2}{5}$.

De 1752 à 1763, 16 mariages ont donné. . . . . 69 enfans.

Les morts de la feconde époque font fupérieurs à ceux de la première d'environ un onzième, & dans la proportion de 136 à 148.

Il réfulte de cette comparaifon,

1°. Que la population de cette Généralité eft augmentée d'un treizième,

2°. Que les mariages y ont été plus féconds de 1752 à 1763, que de 1690 à 1701,

3°. Enfin, que la mortalité y a été un peu plus confidérable dans la feconde époque que dans la première.

PRINCIPAUTÉ

PRINCIPAUTÉ DE DOMBES.

Monsieur l'Abbé Expilly rapporte dans son *Dictionnaire de la France*, Tome III. pages 896 & 897, le dénombrement des naissances, mariages & morts de toutes les Paroisses qui composent la Principauté de Dombes depuis 1690 jusques & compris 1701, & depuis 1752 jusques & compris 1763. On va se servir de ces recherches pour déterminer le nombre des habitans de ce petit pays par l'année commune des naissances. Mais comme on n'a pas de dénombrement d'habitans comptés tête par tête de la Principauté de Dombes, & qu'on ignore par conséquent la proportion qui existe entre ses habitans & l'année commune de ses naissances, on emploiera le nombre 25, qui est la proportion moyenne existante entre le nombre des habitans comptés tête par tête, & l'année commune des naissances des Généralités d'Auvergne, de Lyon & de Rouen réunies.

L'année commune des naissances de la Principauté de Dombes, prise sur les douze années qui se sont écoulées depuis 1752 jusques & compris 1763, étant de 1134, le nombre des habitans de ce petit pays doit être de 28350.

On va former une Table des naissances, mariages & morts

Ll

de la Principauté de Dombes, Châtelenie par Châtelenie; &
on y ajoûtera une colonne qui contiendra le nombre des habitans. On comprendra dans cette même Table les naiſſances,
mariages & morts depuis 1690 juſques & compris 1701, &
depuis 1752 juſques & compris 1763. Cette comparaiſon fera
connoître l'augmentation ou la diminution qui eſt arrivée dans
la population depuis la fin du dernier ſiècle.

Table du nombre des naiſſances, mariages & morts, &
des habitans de la Principauté de Dombes, depuis
1690 juſques & compris 1701, & depuis 1752
juſques & compris 1763.

| CHATELLENIES. | Paroiſſes ou Commu- nautés. | NAISSANCES | | MARIAGES | | MORTS | | NOMBRE des habitans ſuivant l'an- née commune les naiſſan- ces, multi- pliées par 25. |
		Depuis 1690 juſques & compris 1701.	Depuis 1752 juſques & compris 1763.	Depuis 1690 juſques & compris 1701.	Depuis 1752 juſques & compris 1763.	Depuis 1690 juſques & compris 1701.	Depuis 1752 juſques & compris 1763.	
TREVOUX.	6	1309	2342	314	480	1307	1572	4875
BEAUREGARD.	5	808	1030	206	221	822	747	2150
MONTMERLE.	11	1812	2198	517	474	2281	2048	4575
TOISSEY.	6	2927	3140	880	675	3559	2288	6525
AMBECIEUX.	5	640	805	168	232	738	722	1675
VILLENEUVE.	7	1039	941	254	261	1098	711	2000
SAINT-TRIVIER.	4	479	663	180	176	795	811	1375
LIGNIEU.	3	68	124	26	30	116	84	250
CHATTELLARD.	4	567	589	133	156	689	575	1225
BANEINS.	2	203	297	44	65	157	210	600
CHALAMONT.	5	819	976	237	236	962	976	2050
LENT.	2	400	501	91	116	403	489	1050
TOTAUX....	60	11071	13606	3050	3122	12927	11233	28350

Il résulte de cette table, 1.º Que les naissances de 1752 à 1763 sont supérieures à celles de 1690 à 1700, de 2535 ; ce qui fait une augmentation en faveur de la population actuelle de près d'un quart, & dans la proportion de 35 à 43. 2.º Que les mariages de la seconde époque ont été plus féconds que ceux de la première, puisque de 1752 à 1763, 16 mariages ont produit 70 enfans, & que de 1690 à 1701, 16 mariages n'en ont produit que 58. 3.º Que la mortalité a été beaucoup plus considérable dans la première époque, que dans la seconde, puisque les morts de 1690 à 1701 excèdent les naissances de ce temps-là ; & qu'au contraire, les naissances surpassent de beaucoup les morts de 1752 à 1763.

La grande mortalité qu'on remarque de 1690 à 1701 est une suite nécessaire de la maladie épidémique qui affligea la France en 1693 & 1694, & qui s'est fait particulièrement sentir dans le Lyonnois, province limitrophe de la Dombes. Il faut conclure de ce résultat, que la population actuelle de la Dombes a la supériorité, à tous égards, sur celle qui existoit il y a 60 ans.

Dans la Principauté de Dombes il naît 21 mâles pour 20 femelles, & il y meurt 137 mâles pour 121 femelles.

Comparaiſon de la population exiſtante en 1764, avec celle qui exiſtoit en 1702 dans les provinces de Bourgogne & de Provence, dans les Généralités d'Alençon, d'Auch & Pau & dans la Principauté de Dombes. Dans cette comparaiſon ne ſont pas compriſes les villes de Toulon, Marſeille & Aix ; elles ſe trouvent aux pages 188, 192 & 194.

GÉNÉRALITÉS.	NOMBRE des Paroiſſes.	NAISSANCES.		MARIAGES.		MORTS	
		Depuis 1690 juſq. & compris 1701.	Depuis 1752 juſq. & compris 1763.	Depuis 1690 juſq. & compris 1701.	Depuis 1752 juſq. & compris 1763.	Depuis 1690 juſq. & compris 1701.	Depuis 1752 juſq. & compris 1763.
PROVENCE.	379	163578	171468	37039	31959	124761	141531
AUCH & PAU.	147	58055	60644	14785	13571	51107	49059
BOURGOGNE.	308	80007	96689	17661	20091	61601	71441
ALENÇON.	384	77664	83628	18707	19387	60700	66055
La Principauté DE DOMBES.	60	11071	13606	3050	3122	12927	11233
TOTAL...	1278	390375	426035	91242	88130	311096	339319

Les naiſſances de 1752 à 1763 ſont ſupérieures à celles de 1690 à 1701, de 35660 ſur 390375 ; ce qui fait, en faveur de la population actuelle, une augmentation de plus du onzième, & dans la proportion de 1051 à 1147.

De 1690 à 1701, 16 mariages ont donné. . . 68 enfans $\frac{1}{2}$.

De 1752 à 1763, 16 mariages ont donné. . . 77 enfans $\frac{1}{3}$.

Les mariages ont été par conſéquent plus féconds de nos

jours qu'ils ne l'avoient été autrefois. Au surplus, voyez les observations qui ont été faites à cet égard sur les mariages de la Provence.

Les morts de 1752 à 1763 sont supérieurs à ceux de 1690 à 1701, de 28223; ce qui fait une augmentation d'environ un onzième, & dans proportion de 496 à 541.

RÉSULTAT

Des Comparaiſons rapportées dans cet Ouvrage, pour conſtater·l'augmentation ou la diminution qui eſt arrivée dans la population depuis 60 ans.

ON ne peut juger de l'augmentation ou de la diminution de la population qu'en comparant ſon état actuel avec celui où elle étoit dans cette époque éloignée. C'eſt ce qui a été fait précédemment pour chaque Province & pour chaque Ville en particulier ; & les réſultats de ces comparaiſons ont donné la preuve du déclin ou de l'accroiſſement de la population ; mais pour ne rien laiſſer deſirer à cet égard, on va réunir dans un même tableau toutes ces différentes comparaiſons, pour pouvoir juger ſi la population en général a perdu ou gagné.

La table, qu'on va rapporter, conſtate évidemment que la population de ſept grandes Provinces & d'un grand nombre de Villes, très-éloignées les unes des autres, eſt augmentée depuis 60 ans dans la proportion de 196 à 211, & par conſéquent d'un treizième.

La population rapportée dans cette table comprend au moins le dixième de la totalité de la population du Royaume, puiſqu'elle repréſente une année commune de 92437 naiſſances, laquelle, multipliée ſeulement par le nombre 25, donneroit 2310925 habitans ; & pour la totalité du Royaume 23109250, nombre bien fupérieur à celui auquel on eftime communément la population totale du Royaume.

Si cette augmentation de population, prouvée pour la dixième partie du Royaume, n'eft pas une preuve inconteftable de l'accroiffement de la population en général, elle détruit du moins, de la manière la plus victorieufe, les fentimens des Ecrivains modernes qui ont avancé que la France étoit moins peuplée préfentement qu'elle ne l'étoit il y a 60 ans, & il y a tout lieu de préfumer que ces Ecrivains ont fondé leur jugement fur des apparences trompeufes, & qu'ils ont prononcé d'après quelques recherches peu étendues & faites feulement fur une ou plufieurs Villes & Paroiffes dont la population a pu fe trouver réellement diminuée. Comme la recherche des naiffances & des mariages n'a pas été faite par-tout pour les mêmes années, on défignera, dans la Table fuivante, les naif-fances & mariages anciens par le titre *I.re Epoque*, & les naiffances & mariages des dernières années, par le titre *II.de Epoque*.

NOMS des PROVINCES & DES VILLES.	Nombre des Paroisses.	Année commune des naiſſances.		Année commune des mariages.	
		I.re Epoque.	II.de Epoque.	I.re Epoque.	II.de Epoque.
Généralité D'AUVERGNE.	162	5681	6893	1295	1492
Généralité de LYON.	133	3523	4012	782	894
Généralité de ROUEN.	541	12069	12303	2870	2918
La Ville de LYON.		3775	4137	873	1028
La Ville de ROUEN.		2449	2271	586	627
La Ville de PARIS.		16988	19221	4118	4208
La Ville de MARSEILLE.		3465	3218	800	710
La Ville de TOULON.		1416	1073	302	189
La Ville D'AIX.		989	822	222	192
La Ville de MONTAUBAN.		607	602	149	141
La Ville de SEZANNE, en Brie.		185	160	24	29
Le Diocèse de VAISON.	38	1023	1183	221	238
La V. de CARCASSONNE.		495	523	110	114
La Ville de VALENCE, en Dauphiné.		259	266	64	57
VITRY-LE-FRANÇOIS, en Champagne.		416	250	79	54
Provinces de BOURGO-GNE & de PROVENCE, Généralités D'ALENÇON, D'AUCH & PAU, & la Princip. de DOMBES.	1278	32531	35503	7603	7344
		85871	92437	20098	20235

Il réfulte de cette Table que les naiſſances de la feconde époque font
fupérieures à celles de la première de 6566 fur 85871 ; ce qui fait une
augmentation

augmentation, en faveur de la population actuelle, d'un treizième, & dans la proportion de 196 à 211.

Dans la première époque, 16 mariages ont donné.. 69 enfans $\frac{1}{8}$.

Dans la seconde époque, 16 mariages ont donné.. 73 enfans.

Les mariages sont par conséquent plus féconds aujourd'hui qu'ils ne l'étoient il y a 60 ans.

Mm

OBSERVATIONS
GÉNÉRALES
Sur le nombre des habitans du Royaume.

Les Paroiffes ou Communautés dont l'année commune des naiffances eft rapportée dans l'article précédent, font, pour la Généralité d'Auvergne, au nombre de . . . .

Pour la Généralité de Lyon. . . .

Pour la Généralité de Rouen. . . .

Pour le Diocèfe de Vaifon. . . . . .

Pour les provinces de Bourgogne & de Provence ; les Généralités d'Alençon, d'Auch & Pau, & pour la Principauté de Dombes. . . . . .

Dans les 2152 Paroiffes , il naît,

PAROISSES.	ANNÉE commune des naiffances..
162	6893
133	4012
541	12303
38	1183
1278	35503
2152	59894

année commune , 59894 enfans : en les multipliant par 25, il doit y avoir 1497350 habitans ; ce qui revient à 696 par Paroiffes. On n'a pas compris dans ce calcul les villes de Paris, Lyon, Marfeille, Rouen , Toulon,

Aix , Montauban , Sezanne , Carcaffonne , Valence , Vitry-le-
François. M. Doizy compte , dans fon *Dictionnaire pag. 72* ,
39849 Paroiffes, en ne confidérant les villes de Paris, Lyon ,
Marfeille , &c. & autres grandes Villes du Royaume , que comme
de fimples Paroiffes ; & fuppofant que leur population foit
repartie fur toutes les autres Communautés, les Paroiffes doivent contenir , les unes dans les autres , au moins 600 habitans,
& dans ce cas il ne peut pas y avoir dans toute l'étendue du
Royaume moins de 23909400 habitans.

ÉTAT

DE LA POPULATION

DE LA PROVINCE

DE FRANCHE-COMTÉ,

GÉNÉRALITÉ DE BESANÇON,

EXISTANTE EN 1763.

S1 la proportion, qui exifte entre l'année commune des naiffances & le nombre des habitans, s'étoit trouvée la même dans
les Généralités d'Auvergne, de Lyon & de Rouen, on pourroit affurer que cette même proportion exifte également dans
la province de Franche-Comté, & dans ce cas, on détermi-
neroit exactement le nombre des habitans de cette province
par l'année commune des naiffances.

Mais cette proportion, bien loin d'être uniforme pour les
trois Généralités d'Auvergne, de Lyon & de Rouen, differe
au contraire pour chacune de ces trois Provinces en particulier;
d'où il femble réfulter que chaque Généralité a fa proportion
qui lui eft propre. Nous avons déja obfervé que les feuls dénombremens d'habitans, comptés tête par tête, peuvent donner

une connoiſſance exacte de la proportion qui exiſte entre l'année commune des naiſſances & le nombre des habitans d'une Province, & le défaut de ces dénombremens pour la Franche-Comté, rendra toujours incertains les calculs qui feront employés pour fixer le nombre de ſes habitans. On ne doit pas cependant craindre de s'écarter de la vraiſemblance en adoptant pour la Franche-Comté la multiplication de l'année commune des naiſſances par le nombre 25, employée d'une manière certaine pour la Généralité d'Auvergne, & qui tient à-peu-près le milieu entre le nombre 24 adopté pour la Généralité de Lyon, & 27 ⅓ employé pour la Généralité de Rouen.

L'année commune des naiſſances de la province de Franche-Comté, priſe ſur les dix années qui ſe ſont écoulées depuis 1753 juſques & compris 1762, étant de 26177; ſçavoir de 969 pour la ville de Beſançon, & de 25208 pour les petites Villes & Paroiſſes de la campagne, le nombre total des habitans de la province de Franche-Comté doit monter à 654425 ſans aucune diſtinction pour la ville de Beſançon, dont la population n'eſt pas aſſez conſidérable pour être diſtinguée du calcul général de la province.

On va former une table des naiſſances, mariages & morts de cette Province, Bailliage par Bailliage; & on y ajoûtera une colonne qui contiendra le nombre des habitans qu'on préſume exiſter dans ces différens Bailliages.

Table des Naiſſances, Mariages & Morts, & des habitans de la province de Franche - Comté, Bailliage par Bailliage.

Nombre des Communautés.	BAILLAGES.	NAISSANCES depuis 1753 jusques & compris 1762.	MARIAGES depuis 1753 jusques & compris 1762.	MORTS depuis 1753 jusques & compris 1762.	NOMBRE des habitans suivant l'année commune des noiſſances, multipliée par 25.
100	BESANÇON, y compris la Ville.	19056	4531	15909	47650
177	DOLE.	26256	4810	20835	65650
181	GRAY.	28433	5354	21441	71075
467	VEZOUL.	76227	15052	62618	190575
228	BAUME.	16143	3552	13924	40350
100	SALINS.	9392	1801	8067	23475
39	QUINGEY.	4103	769	3146	10250
21	ARBOIS.	4874	905	4331	12175
105	POLIGNY.	13610	2698	10957	34025
100	LONS-LE-SAULNIER.	16697	3356	13582	41750
86	ORNANS.	8480	1610	7752	21200
91	SAINT-CLAUDE.	13655	2742	8709	34125
193	ORGELET.	13469	2784	10189	33675
69	PONTARLIER.	11378	2325	9248	28450
1957	TOTAUX...	261773	52289	210708	654425

Morts des Hôpitaux de toute la Généralité...... 4206

214914

Il réſulte de cette table, que les naiſ-
ſances excèdent les morts d'un quatrième $\frac{1}{2}$ $\frac{1}{12}$, & dans la proportion de 67 à 55; lorſqu'il meurt 55 perſonnes en Franche-
Comté, 67 y naiſſent.

Les morts des Hôpitaux étant de 420, année commune, il en résulte que la 1558ᵉ partie des habitans de la Franche-Comté meurt dans les Hôpitaux.

Les 1957 Communautés, qui composent la Généralité de Franche-Comté, ne contiennent, les unes dans les autres, que 334 habitans.

Dans les 261773 naissances,

il y en a 135038 de mâles,

Et..... 126735 de femelles.

Il naît donc plus de mâles que de femelles dans la proportion de $16\frac{1}{4}\frac{1}{83}$ à $15\frac{1}{4}\frac{1}{80}$.

Ce qui est comme 1301 à 1221.

Dans les 214914 morts,

il y en a 109925 de mâles,

Et.... 104989 de femelles.

Il meurt donc plus de mâles que de femelles dans la proportion de $22\frac{1}{4}\frac{1}{48}$ à $21\frac{1}{4}\frac{1}{48}$.

Ce qui est comme 1069 à 1021.

RÉFLEXIONS

Sur la valeur du Bled, tant en FRANCE qu'en ANGLETERRE, depuis 1674 jusqu'en 1764.

Es écrits publiés depuis quelques années sur le commerce des grains ont prouvé tous les avantages que la France seroit en état de retirer de l'exportation de cette denrée. L'exemple des Anglois, qui ont adopté cette maxime du commerce en l'année 1689, tems auquel ils ont accordé une gratification payable pour chaque mesure de bled à la sortie des Ports d'Angleterre, a excité le zèle des Auteurs François qui ont travaillé sur les matières d'administration, & a changé l'esprit de la Nation, de tout tems effrayée du commerce des grains avec l'Etranger. Les Parlemens, dont la Jurisprudence avoit été jusqu'à présent prohibitive de ce commerce, ont demandé eux-mêmes une Loi qui mit le bled recueilli en France en concurrence avec celui des Nations voisines, & ont enregistré avec reconnoissance l'Edit du mois de Juillet 1764, qui permet la libre exportation des grains jusqu'à ce que le prix du bled soit porté à la somme 12 liv. 10 s. le quintal & au-dessus.

L'Auteur

L'Auteur du *Traité fur la Police des Grains*, imprimé en 1755, a démontré, par le relevé du prix auquel les grains ont été vendus en Angleterre avant & depuis la libre exportation accordée en 1689 que la valeur de cette denrée a toujours diminuée depuis cette époque, & que l'exportation bien loin d'avoir enchéri la fubfiftance du peuple de ce Royaume, a été fuivie d'un effet contraire, puifque le prix des grains a diminué en Angleterre, a même fait que les Anglois en ont augmenté leur commerce avec les Etrangers; mais quoique l'exportation n'ait pas r'enchéri le prix des grains en Angleterre il peut y avoir plufieurs raifons de douter qu'elle ait été la véritable caufe de leur diminution dans ce Royaume. En effet, la France, dont le Gouvernement s'eft conduit durant le même efpace de tems fur des principes différens, a éprouvé la même révolution fur le prix des grains. M. Dupré de Saint-Maur en a fait l'obfervation dans fon *Effai fur les Monnoies*, imprimées en 1746, pag. 68.

L'Auteur du *Traité fur la Police des Grains* attribue la diminution du prix du bled en Angleterre à la grande quantité de terre nouvellement défrichée dans ce Royaume depuis l'époque de 1689; mais fi l'on fait quelqu'attention à la culture de la France & fi l'on entre dans quelques détails par rapport à fes Provinces, on ne pourra s'empêcher de reconnoître que le nombre des terres cultivées eft préfentement bien fupérieur à celui qui exiftoit en 1689; ce qui cependant ne peut-être attribué à l'exportation du bled, dont le commerce extérieur y a été interdit jufqu'en 1764. Ce feroit d'ailleurs contre toute vérité que la diminution du prix du bled, tant en France qu'en Angleterre, feroit attribuée à une moindre confommation. Tout le monde convient que l'Angleterre eft plus peuplée qu'elle ne l'étoit à la fin du dernier fiècle, & cependant le bled y a éprouvé une diminution conftante dans fa valeur. Le prix

N n

du bled eſt également diminué en France dans le même eſpace de tems, & les recherches faites dans pluſieurs provinces du Royaume prouvent que la population y a reçu des accroiſſe-mens très-ſenſibles. Ce n'eſt donc pas non plus à une diminu-tion d'habitans en France qu'on doit attribuer celle de la va-leur du bled ; mais la bonne culture dans les deux Royaumes ; la tranquillité intérieure dont ont joui les deux Nations dans le même eſpace de tems, ſont les véritables cauſes de la dimi-nution du prix des grains. Ce ſeroit tomber dans une contra-diction évidente que de l'attribuer en Angleterre à la liberté de l'exportation accordée en 1689, & en France à la loi prohibitive de cette même exportation, dont les Parlemens ont maintenu l'exécution juſqu'au mois de Juillet 1764. Pour ne laiſſer aucun doute ſur le fait important de la diminution du prix du bled, tant en Angleterre qu'en France durant le même eſpace de tems, on a compoſé la Table n.° I.er, où on a rapporté depuis 1674 juſques & compris 1763, la valeur du prix du quartier de bled à Londres, celle du ſeptier à Paris, & celle du bichet à Lyon, & on pourra obſerver que les trois différentes meſures ont éprouvé dans leur valeur une dimi-nution à-peu-près égale dans un même eſpace de tems.

Il y a tout lieu de penſer que le commerce du bled & de toutes les denrées de première néceſſité doit ſuivre les mêmes loix & les mêmes révolutions que le commerce de toutes les autres eſpèces de denrée & de marchandiſes. Il eſt certain, & l'expérience journalière prouve, que le commerce & la libre exportation de toute denrée & marchandiſe en rend la production & les fabriques plus abondantes, & en font baiſſer la valeur. En effet, plus une Fabrique prend d'accroiſſemens & envoie de ſes marchandiſes à l'Etranger, plus les Fabri-cans ſe contentent d'un moindre gain ſur la marchandiſe, dont ils ſont dédommagés avantageuſement par la multiplicité des

envois, la répétition de la vente & la plus grande confommation. Les ouvriers, plus occupés à la même efpèce de Fabrique, deviennent plus adroits, perdent moins de matière,
fçavent mieux employer leur tems, & inventent des machines
propres à accélérer l'ouvrage. L'émulation & la concurrence
les portent à diminuer leur falaire à l'envi les uns des autres,
pour fe procurer une occupation plus affurée, & ils en font
avantageufement dédommagés par une plus grande fabrication./L'ouvrier eft à la vérité moins payé par aune d'étoffes
ou efpèces d'ouvrages, mais comme il en fabrique une plus
grande quantité dans fa journée, il fe trouve plus à l'aife, &
reçoit plus d'argent dans le courant de l'année, que lorfqu'il
paroiffoit gagner davantage. Il n'y a perfonne qui n'ait été té-
moin des plaintes des ouvriers fur la diminution du prix de
leurs ouvrages, mais les ouvriers fe gardent bien de dire que
lorfqu'ils recevoient de plus gros falaires par efpèce d'ouvrages
& de marchandife, ils étoient moins occupés & fabriquoient
moins : & il eft très-commun d'entendre dire à ces fortes de
gens *que le bon tems eft paffé, que trop de gens fe mêlent de
leur métier*. La concurrence, le grand débit, l'exportation &
le commerce étranger, font les caufes néceffaires de la diminution du prix de la main d'œuvre, & par conféquent de la
valeur de la marchandife. Il doit en être de même du bled &
de toute efpèce de grains : lorfque la liberté accordée à ce
commerce & la libre exportation en rendront la confommation
plus grande, les Cultivateurs en augmenteront la production;
& la valeur de la denrée bien loin d'en augmenter, doit au
contraire baiffer d'une manière très-fenfible dans l'efpace de
quelques années.

Ce n'eft que par l'expérience qu'on pourra connoître en
France la vérité de cette propofition. Quoique le fyftême du
Gouvernement d'Angleterre n'en foit pas une démonftration,

N n ij

il y a tout lieu de penser que le même principe sera suivi des mêmes effets dans tous les pays où il sera adopté. L'exemple des Anglois suffit pour que les François ne conçoivent aucune crainte à cette égard ; & il impossible que les grains étant diminués de valeur en Angleterre, depuis que l'exportation en est libre, cette même liberté les fasse augmenter en France.

On ne peut se dissimuler que l'esprit d'intérêts de la plûpart des Propriétaires n'ait été le grand mobile pour faire desirer en France l'Edit du mois de Juillet 1764. La diminution successive du prix des grains, durant quelques années, a fait craindre aux Propriétaires de n'être plus payés exactement par leurs Fermiers, & d'être, par une conséquence nécessaire, obligés de baisser le prix de leurs fermes; allarmés de ce danger, & peu touchés du bien-être des pauvres, des journaliers & de tous ceux qui n'ont pas de propriété, ils ont espéré que la liberté de l'exportation soutiendroit le prix du bled à ce qu'ils appellent une *valeur raisonnable*, que quelques Auteurs fixent de 22 à 24 liv. le septier mesure de Paris. On voit même par l'Edit du mois de Juillet de 1764, que le Gouvernement n'a défendu l'exportation que lorsque le quintal de froment excéderoit 12 liv. 10 sols, ou 2 s. 6 d. la livre de grain ; ce qui porte la valeur du septier mesure de Paris à celle de 30 liv.

Il est cependant à propos d'observer que, depuis 1724 jusques & compris 1763, malgré les années de cherté qu'on la éprouvée à Paris en 1724, 1725 & 1726, 1740, 1741 & 1742, 1752 & 1757, la valeur du septier de bled mesure de Paris & de la meilleur qualité, n'a été, année commune, que de 18 liv. 10 sols; ce qui revient à 1 s. 6 d. la livre de froment : en sorte qu'il y a une véritable cherté & par conséquent beaucoup de misère pour le peuple, lorsque la valeur du bled est portée à 2 s. 6 d. la livre.

Les Propriétaires eux-mêmes, quelqu'intéressés qu'on puisse

les suppofer, feroient certainement touchés de la mifère du peuple, fi le prix moyen de cette denrée de première néceffité fe trouvoit porté, année commune de 1 f. 6 d. à 2 f. 6 d.

On entend dire affez communément qu'il eft néceffaire que le bled foit d'une certaine valeur pour que *tout le monde vive.* C'eft l'expreffion dont on fe fert ordinairement, & beaucoup de gens font perfuadés que le peuple refufe de travailler, & devient pareffeux lorfque le prix des grains eft, ce qu'on appelle, *à vil prix,* c'eft-à-dire, lorfqu'étant au-deffous de la valeur de l'année commune le feptier de Paris ne vaut pas 18 liv. & par conféquent lorfque la livre de froment ne fe vend qu'environ 15 deniers. Cette prétendue maxime, inventée par les propriétaires & les perfonnes riches, eft auffi tyrannique & auffi fauffe que celle contre laquelle les Auteurs politiques fe font récriés avec tant de raifon, c'eft-à-dire, *que le peuple n'eft foumis & docile qu'autant qu'il eft chargé d'impofitions.* Perfonne ne foutiendra aujourd'hui un principe auffi évidemment dur & inhumain. On en peut dire autant du premier, toujours répété par les propriétaires & les riches dans les années où le bled eft à bon marché. Il eft aifé de démontrer que le bonheur & l'aifance du peuple confifte dans le plus bas prix poffible de la valeur du bled, & que le moindre enchériffement de cette denrée eft pour lui une taxe bien plus lourde & bien plus onéreufe que toutes les impofitions auxquelles il peut être affujetti. En effet, en prenant pour exemple l'année 1745, où le feptier de bled mefure de Paris n'y a été vendu que 12 liv. 1 f. 3 d.; ce qui revient à 1 f. par livre de grain, & en comparant cette même année à celle de 1750, où le même feptier a été vendu 18 liv., c'eft-à-dire, 1 f. 6 d. la livre de froment; on peut voir, par un calcul très-fimple, la charge effrayante fupportée par le petit peuple, les journaliers & autres fujets du Roi, qui n'ont aucune efpèce de propriété & de culture, & qui composent plus des trois quarts des habitans du Royaume. Un chef de famille, chargé de la nourriture & subsistance d'une femme & trois enfans, est présumé consommer, dans le courant de l'année, la quantité de 15 septier mesure de Paris, sur le pied de trois septiers par tête. Ce compte est beaucoup trop fort, & par des recherches faites avec la plus grande exactitude, on s'est assuré que les hommes ne consommoient pas, les uns dans les autres, au-dela de deux septiers de bled mesure de Paris. Quoique cette sconommation puisse paroître, modérée & au-dessous de la vérité, à la plûpart des Lecteurs, il en résulte cependant que le chef de famille, chargé d'une femme & de trois enfans, qui n'est ni propriétaire ni cultivateur, est obligé d'achéter annuellement dix septiers de bled mesure de Paris. Ces dix septiers ne lui ont couté en 1745 que 120 liv., au lieu qu'en 1750 il les a payé 180 liv.; il a donc été obligé de subvenir en 1750 à un excédant de de 60 liv. de dépense indispensable : or, il est certain que ce chef de famille ne paye pas 25 liv. d'impositions par année, en y comprenant tous les droits auxquels il peut-être assujetti. Quelque prévenue qu'on puisse être en faveur de la prétendue maxime que le bled doit être *à un bon prix*, on ne peut donc l'empêcher de convenir que le journalier, chef de famille, étoit plus heureux en 1745 qu'il ne l'étoit en 1750. Quelle a donc été sa position en 1752? lorsque le septier, mesure de Paris, a valu 24 liv. 15 sols, & lorsque la dépense indispensable de sa nourriture & la subsistance de sa femme & de ses enfans ont excédé du double celle de 1745. Sa situation a été d'autant plus affligeante, que ses impositions ordinaires n'en ont pas été diminuées, il a été également obligé de les payer sans aucune diminution, & a par conséquent été forcé de s'épargner sur sa nourriture, celle de sa femme & de ses enfans, de leur refuser le nécessaire, de ne les pas vêtir, & de ne leur pas donner ce qui pouvoit contribuer à l'aifance & à la commodité d'une vie deftinée à être laborieufe, mais non pas indigente. Il n'y a donc pas d'impofition comparable à la furcharge que donne au petit peuple & au journalier le plus petit enchériffement fur la valeur des grains; & le Royaume feroit fort à plaindre, fi le prix des grains étoit porté, année commune, à 2 f. 6 d. la livre. On a comparé les années 1745 & 1752, quoique dans cette dernière le prix du bled n'ait monté qu'à 24 liv. 15 f. le feptier, mefure de Paris, ou à 2 f. la livre de froment, parce qu'à ce prix il n'y a pas de cherté, & que la valeur en eft fort inférieure à celle fixée par l'Edit du mois de Juillet 1764 pour en empêcher l'exportation. Si on fait les mêmes calculs fur les 37 liv., prix du feptier en 1741, on fera effrayé de la mifère que le peuple a éprouvée dans cette année malheureufe.

Il n'eft pas difficile de réfuter la prétendue maxime que le peuple ne travaille que lorfque le bled eft *à bon prix*. Il peut fe trouver effectivement parmi le peuple des artifans & gens de journée naturellement indolens & pareffeux, qui ne font excités au travail que par l'extrême néceffité, & qui, dans les années d'abondance, fe trouvant affurés de leur fubfiftance, ont ceffé de travailler pendant quelques jours ou quelques femaines; mais il s'en faut beaucoup que ce foit une façon de penfer générale parmi le peuple : les artifans, les journaliers, &c. ne travaillent pas feulement pour fe procurer la fubfiftance néceffaire & indifpenfable, ils cherchent encore à être vêtus, eux, leurs femmes, & leurs enfans, & à fe donner les petites commodités dont leur fituation eft fufceptible, & c'eft ce qui arrive en effet dans les années où le bled eft au meilleur marché poffible, ce font celles où le peuple fait fa petite provifion de meubles & de vêtemens; on s'en eft procuré la preuve par le réfultat des Manufactures de la Généralité de

Rouen. *Voyez* les Tables 4, 5, 6 & 7 : & le Lecteur peut obferver que les années, où le bled a été à meilleur marché, ont
été celles où il s'eft fabriqué le plus d'étoffes. La preuve ré-
fultante de ce détail, pris dans la Généralité de Rouen, eft d'autant plus intéreffante, & s'applique d'autant plus à la matière
préfente, que les étoffes qui y font fabriquées, font toutes à
l'ufage du peuple & des petits bourgeois, & par conféquent de
ceux que l'augmentation du prix des grains affecte le plus.
Puifque les fabriques de la Généralité de Rouen ont été plus
occupées dans les années où le bled a été moins cher, il en
réfulte la conféquence néceffaire que le peuple a plus travaillé, puifque ces étoffes ne font fabriquées que par les ouvriers qui vivent au jour la journée. Le peuple, ayant été plus
occupé dans les années d'abondance que dans les années de
cherté, il en réfulte la démonftration inconteftable, 1.º Que
la prétendue maxime, que le peuple n'eft excité au travail que
par le preffant befoin, eft également fauffe & injufte. 2.º Que
le peuple, dans les années d'abondance, eft en état de con-
fommer davantage, de fe mieux vêtir, & de fe procurer les
aifances & les commodités de la vie, & par conféquent qu'il
eft moins malheureux ; il eft donc de la bonté du Gouvernement de procurer au peuple fa fubfiftance au meilleur marché
poffible ; & la feule humanité doit faire defirer à tous les ordres
de citoyens que le peuple jouiffe fans interruption de ce pré-
cieux avantage.

M. De la Chalotai, Avocat Général au Parlement de Bre-
tagne, fe plaint dans fon Réquifitoire, pour l'enrégiftrement
de l'Edit du mois de Juillet 1764, de ce que les journées d'ouvriers, les gages des domeftiques, & tous les ouvrages & marchandifes ont confidérablement augmenté de valeur & de prix
depuis un fiècle, quoique le bled ait éprouvé une grande diminution de valeur dans le même efpace de temps ; ce qu'il
envifage

envifage comme une perte pour l'Etat & une augmentation
de charge pour les contribuables; mais ce Magiftrat auroit dû
obferver que l'Angleterre, dont on vante les richeffes, la puiffance & la population, a éprouvé la même variation, tant
dans le prix des bleds, que dans la valeur des marchandifes
& journées des ouvriers. Les deux Royaumes fe trouvant dans
le même cas fur un objet auffi intéreffant, il eft difficile d'é-
lever le bonheur & la puiffance de l'un, & de diminuer la
puiffance & les richeffes de l'autre, fans tomber dans une con-
tradiction évidente. Mais ce que M. De la Chalotai regarde
comme un malheur, eft au contraire ce qui a fait la force de
la France, ce qui a accru l'étendue de fon commerce, &
donné le plus grand fuccès à fes Manufactures. Toutes les perfonnes inftruites conviennent que le commerce a fait des progrès furprenans depuis 40 ans; que les Manufactures du Royaume
font préfentement beaucoup plus occupées qu'elles ne l'a-
voient jamais été ; que malgré le progrès de nos anciennes
Fabriques & Manufactures, il s'en eft introduit dans ce Royaume
un grand nombre de nouvelles, inconnues à nos pères, & c'eft
à la diminution du prix du bled, caufe néceffaire de la plus
grande confommation des Manufactures de petites étoffes, qu'on
en eft principalement redevable. D'ailleurs, l'augmentation des
gages, des domeftiques, des journées des ouvriers, & de la
valeur des marchandifes, eft un avantage réel en faveur de la
partie indigente des habitans du Royaume, & les raproche
davantage de l'égalité de fortune que tous les Philofophes modernes femblent defirer. Les propriétaires des terres font très-
éloignés d'y avoir perdu, puifqu'il eft d'expérience que les
baux des biens de campagne ont fucceffivement augmenté,
& on ne doit pas en être étonné fi l'on fait attention que d'une
part l'augmentation de la population, dont la preuve eft conftante par les recherches qui ont été faites en différentes pro-

vinces du Royaume, a accru la confommation du bled , & par conféquent donné lieu à une augmentation de culture. Les Plantations de vignes, de pommiers , d'oliviers , de noyers & autres arbres à fruits ont augmenté fucceffivement dans les différentes parties du Royaume , & ont donné aux propriétaires de nouveaux revenus ; mais d'ailleurs les progrès des Manufactures ont confidérablement fait augmenter la culture des matières premières néceffaires pour les alimens, telles que le lin , le chanvre , le colfat , la rabette , le paftel, la gaude , le fafran , les muriers & autres efpèces de productions. D'un autre côté, le peuple fe trouvant dans une plus grande aifance par diminution du prix du bled , a fait une plus grande confommation de vin & de viande de boucherie. Ce qui a favorifé la production des beftiaux & donné lieu à en élever un plus grand nombre, d'où il réfulte, 1.º Que les terres propres à recevoir des plantations de vignes ont acquifes une valeur qu'elles n'avoient pas précédemment. 2.º Que les herbages & autres parties de terre propres à la nourriture des beftiaux, ont augmenté confidérablement de valeur. 3.º Que le plus grand nombre de beftiaux a rendu plus d'engrais, qui ont fertilifé la terre , donc les productions font devenus plus abondantes. Enfin , l'aifance du peuple a augmenté la confommation du bois, tant pour les bâtimens , que pour le chauffage , & les propriétaires de ces différentes natures de biens ont vu accroître leur revenu. Ces différentes obfervations, qui ont, fans doute , échappé à M. de la Chalotai , expliquent comment il a pu arriver que le bled foit diminué de valeur , & cependant que les gages des domeftiques, les journées des journaliers , & le prix des marchandifes foient augmentés fans que les propriétaires y aient rien perdu. La France eft donc dans un état plus heureux & plus floriffant depuis que les bleds y font diminués de valeur , qu'elle ne l'étoit réellement il y a 80 ans. Ce

feroit lui faire perdre le plus grand de fes avantages que de
chercher à r'enchérir la fubftance de fes habitans. L'humanité
feule devroit faire defirer au contraire que le peuple put fe
procurer fa nourriture à moins de frais & plus facilement.

On a prouvé que le bon marché du bled bien loin de l'empêcher de travailler, lui procuroit une plus grande occupation,
& le rendoit plus actif & plus laborieux. Les gens riches y font
intéreffés eux-mêmes par la certitude de fe procurer, à meilleur
marché, les marchandifes dont ils ont befoin, le prix de toutes
les chofes de commerce baiffant toujours dans la proportion de
la confommation ; mais comme ce motif ne les toucheroient
par autant que la crainte de la diminution des baux de leur
terre, il eft aifé de leur démontrer par le plus puiffant motif
qui puiffe agir fur le cœur des hommes, c'eft-à-dire, par le
defir de la confervation de leur vie & de leur fanté, qu'ils
font auffi intéreffés que les plus pauvres habitans du Royaume,
au meilleur marché du bled. En effet, par les différentes recherches qu'on a faites, on s'eft procuré la preuve, que les
années, où le bled a été le plus cher, ont été en même temps
celles où la mortalité a été la plus grande & les maladies
plus communes, & que celles au contraire où le bled a été
à meilleur marché, ont été les plus faines & les moins mor-
relles. Ces recherches ont été faites dans les villes de Paris,
Londres, Lyon, Rouen & Clermont en Auvergne. Les différentes tables, qui contiennent ces recherches, font rapportées à
la fuite de cet Ouvrage; & elles prouvent toutes, de la manière la plus démonftrative, que les années de cherté font en
même temps les plus mortelles & les plus mal-faines. Les
Hôpitaux, comme on le verra dans les mêmes tables, font
bien plus remplis de malades dans les années de cherté que
dans celles d'abondance. Les maladies y font bien plus dange-
reufes, & il eft impoffible que les maladies du peuple ne fe

communiquent aux bourgeois, aux gens aifés, & par gradation aux gens riches. La preuve de toutes ces vérités deviendra inconteftable, fi on rapproche les uns des autres les réfultats des différentes tables ; les Hôpitaux de Paris, de Lyon & de Rouen fe trouvent dans une balance à - peu - près uniforme , & l'on voit que la mortalité, ainfi que le nombre des malades, s'eft toujours trouvé proportionné à la valeur des grains. La totalité des morts des villes de Paris , de Londres & de Clermont le prouvent également. Puifqu'il eft démontré que la vie & la fanté des hommes dépend en grande partie du bon marché du bled ; que les années, où il a été à plus bas prix, ont partout été celles où il y a eu le moins de maladies & de morts ; que les années, où il a été plus cher, ont été celles où il y a eu le plus de mortalité & de maladies ; tous les hommes de quelqu'état & condition qu'ils puiffent être font tous intéreffés à fe procurer au meilleur marché poffible la denrée de première néceffité, & tous, foit Propriétaires , foit Cultivateurs , foit Journaliers , doivent remercier la Providence d'une longue fuite d'années heureufes, qui multipliant les productions , prolongent leur vie, les mettent à l'abri des infirmités , leur procurent les aifances & les commodités qui peuvent adoucir la mifère du plus grand nombre d'entr'eux ; & leur donnent enfin , par le progrès & la confommation des Manufactures , une occupation journalière , toujours inféparable de la profpérité de l'Etat.

I.re TABLE.

Prix du plus beau froment vendu dans les marchés de Paris, Lyon & Londres, depuis 1674 jusques & compris 1763, pour les deux premières Villes, & jusqu'en 1753 seulement pour la ville de Londres.

PARIS. LYON. LONDRES.

Années.	Prix du septier du meilleur bled, mesure de Paris, du poids de 240 l., calculé suiv. la proportion de 54 l. 6 s., valeur actuelle du marc d'argent fin.			Prix du bichet du meilleur bled, mesure de Lyon, du poids de 50 l., calculé suiv. la proportion de 54 l. 6 s., valeur actuelle du marc d'argent fin.			Prix du quarter du meilleur bled, mesure de Londres, du poids de 458 liv.				
							Monnoie D'ANGLETERRE.			Monnoie DE FRANCE	
	liv.	sols.	den.	liv.	sols.	den.	l. st.	sch.		liv.	s.	d.
1674	20	17	3	4	5	3	3	8	8	77	5
1675	29	5	3	5	4	2	3	4	8	72	15
1676	21	1	6	4	14	9	1	18		42	15
1677	26	8		4	3	4	2	2		47	5
1678	28	18	6	4	10	11	2	19		66	7	6
1679	32	18	6	5	6		3			67	10
1680	27	1		6	3	2	2	5		50	12	6
1681	28		3	5	4	2	2	6	8	52	10
1682	26	2	6	3	15	9	2	4		49	10
1683	24			3	16		2			45	
Total des 10 années...	264	12	9	47	3	7	25	8		571	10
Prix commun.	26	9	3 1/10	4	14	4	2	10	9 6/10	57	3

Années.	Prix du septier du meilleur bled, mesure de Paris, du poids de 240 l., calculé suiv. la proportion de 54 l. 6 f., valeur actuelle du marc d'argent fin.			Prix du bichet du meilleur bled, mesure de Lyon, du poids de 50 l., calculé suiv. la proportion de 54 liv. 6 f., valeur actuelle du marc d'argent fin.			Prix du quarter au meilleur bled, mesure de Londres, du poids de 458 liv.					
							Monnoie D'ANGLETERRE.			Monnoie DE FRANCE.		
	liv.	fols.	den.	liv.	fols.	den.	l.	ft.	fch.	liv.	f.	d.
1684	29	7	9	3	6	4	2	4		49	10	
1685	33	5	3	4	5	3	2	6	8	52	10	
1686	21	13	3	4	6		1	14		38	5	
1687	21	6	3	4	5		1	5	2	28	6	3
1688	15	2		3	10	1	2	6		51	15	
1689	17	9		3	6	1	1	10		33	15	
1690	17	13	9	3	13	4	1	14	8	39		
1691	17	9	9	5	6	8	1	14		38	5	
1692	22	16	3	5	14	4	2	6	8	52	10	
1693	43	7		9	7		3	7	8	76	2	6
Total des 10 années....	239	10	3	47	0	1	20	8	10	459	18	9
Prix commun.	23	19	$\frac{5}{10}$	4	14		2		10 $\frac{6}{10}$	45	19	10 $\frac{1}{2}$
1694	52	2	6	10	4	1	3	4		72		
1695	22	15	6	5	12		2	13		59	12	6
1696	23	8	3	4	10	1	3	11		79	17	6
1697	25	10		4	5	5	3			67	10	
1698	31	17	6	6	8	11	3	8	4	76	17	6
1699	39	18	9	9	7		3	4		72		
1700	35	8	3	6	10	9	2			45		
1701	25	17	3	5	18	9	1	17	8	42	7	6
1702	17	15	9	4	11	5	1	9	6	33	3	9
1703	19	12		3	16	9	1	16		40	10	
Total des 10 années....	294	5	9	61	5	2	26	3	6	588	18	9
Prix commun.	29	8	7	6	2	6	2	12	4 $\frac{1}{3}$	58	17	10 $\frac{1}{2}$

Années.	Prix du septier du meilleur bled, mesure de Paris, du poids de 240 l., calculé suiv. la proportion de 54 l. 6 s., valeur actuelle du marc d'argent fin.			Prix du bichet du meilleur bled, mesure de Lyon, du poids de 10 l., calculé suiv. la proportion de 54 l. 6 s., valeur actuelle du marc d'argent fin.			Prix du quarter du meilleur bled, mesure de Londres, du poids de 458 liv.					
							Monnoie d'Angleterre.			Monnoie de France.		
	liv.	sols.	den.	liv.	sols.	den.	l. st.	sch.		liv.	s.	d.
1704	18		3	4	2	6	2	6	6	52	6	3
1705	16	12		3	14	4	1	10		33	15	
1706	14	15	3	3	18	1	1	6		29	5	
1707	11	19	6	3	8	2	1	8	6	32	1	3
1708	15	14		4	3	4	2	1	6	46	13	9
1709	58	13	9	14	18	3	3	18	6	88	6	3
1710	35	9	3	8	11	9	3	18		87	15	
1711	22	9	6	4	13	3	2	14		60	15	
1712	25	5	9	4	15	10	2	6	4	52	2	6
1713	34	5		6	15	9	2	11		57	7	6
Total des 10 années....	253	4	3	59	1	3	24		4	540	7	6
Prix commun.	25	6	5 $\frac{1}{10}$	5	19	1	2	8	$\frac{4}{10}$	54	9	
1714	38			7		1	2	10	4	56	12	6
1715	26	19	6	5	5	4	2	3		48	7	6
1716	16	12		3	7	3	2	8		54		
1717	13	6	6	2	19		2	5	8	51	7	6
1718	12	4	6	2	8	8	1	18	10	43	13	9
1719	12	15	6	3	4		1	15		39	7	6
1720	16	5	6	3	7	9	1	17		41	12	6
1721	11	14	6	2	14		1	17	6	42	3	9
1722	13	8		2	9	11	1	16		40	10	
1723	20		6	2	15	9	1	14	8	39		
Total des 10 années....	181	6	6	35	12	3	20	6		456	15	
Prix commun.	18	2	8	3	11	2	2		7 $\frac{1}{3}$	45	13	6

Années.	Prix du septier du meilleur bled, mesure de Paris, du poids de 240 l., calculé suiv. la proportion de 54 l. 6 s., valeur actuelle du marc d'argent fin.			Prix du bichet du meilleur bled, mesure de Lyon, du poids de 50 l., calculé suiv. la proportion de 54 l. 6 s., valeur actuelle du marc d'argent fin.			Prix du quarter du meilleur bled, mesure de Londres, du poids de 458 liv.					
							Monnoie d'Angleterre.			Monnoie de France.		
	liv.	fols.	den.	liv.	fols.	den.	l. st.	sch.		liv.	f.	d.
1724	24	17		3	15	6	1 17			41	12	6
1725	34	4		4	19	6	2 8	6		54	11	3
1726	29		6	4	8	7	2 6			51	15	
1727	19	1	3	3	5	6	2 2			47	5	
1728	13	6	3	3	6	3	2 14			60	15	
1729	16	12		3	6	9	2 6	10		52	13	9
1730	16	1	3	3	13		1 16	6		41	1	3
1731	19	10		3	16	6	1 12	10		36	18	9
1732	14	6	3	3	17	6	1 6	8		30		
1733	11	17	6	4	10	9	1 8	4		31	17	6
Total des 10 années....	198	16		38	19	10	19 18	8		448	10	
Prix commun.	19	17	7 $\frac{1}{3}$	3	19	11	1 19	10 $\frac{4}{10}$		44	17	
1734	12	2	6	3	19	3	1 18	10		43	13	9
1735	12	16	3	4	3		2 3			48	7	6
1736	14	3		4	8		2	4		45	7	6
1737	14	16	9	4	1	3	1 18			42	15	
1738	17	16	3	4		3	1 15	6		39	18	9
1739	20	7	6	3	19	6	1 18	6		43	6	3
1740	25	12	6	4		3	2 7			52	17	6
1741	37			4	17	9	2 4	11		50	10	7
1742	21	7	6	4	2		1 12			36		
1743	12	16	3	3	8	6	1 5	4		28	10	
Total des 10 années....	188	18	6	40	19	9	19 3	5		431	6	10
Prix commun.	18	17	10 $\frac{1}{5}$	4	1	11	1 18	4 $\frac{1}{10}$		43	2	8 $\frac{1}{5}$

PARIS,

PARIS. LYON. LONDRES.

Années.	Prix du septier du meilleur bled, mesure de Paris, du poids de 240 l., calculé suiv. la proportion de 54 l. 6 f., valeur actuelle du marc d'argent fin.			Prix du bichet du meilleur bled, mesure de Lyon, du poids de 50 l., calculé suiv. la proportion de 54 l. 6 f., valeur actuelle du marc d'argent fin.			Prix du quarter du meilleur bled, mesure de Londres; du poids de 458 liv.				
							Monnoie D'ANGLETERRE.		Monnoie DE FRANCE.		
	liv.	fols.	den.	liv.	fols.	den.	l. ft.	fch.	liv.	f.	d.
1744	11	15		3	9	9	1 11	6	35	8	9
1745	12	1	3	3	7		1 5	9	28	19	4
1746	14	17	6	3	12	9	1 18	6	43	6	3
1747	15	10	6	5	9		1 18	6	43	6	3
1748	19	15		6	11	6	1 16	3	40	15	7
1749	18	12	6	6	16	6	1 15	8	40	2	6
1750	18			5	12		1 12	6	36	11	3
1751	19	13	9	3	13	3	1 16	5	40	19	4
1752	24	15		4	6	3	1 17	9	42	9	4
1753	20	3	9	3	16	6	1 17	2	41	16	3
Total des 10 années....	175	4	3	46	14	6	17 10		339	14	10
Prix commun.	17	10	5 $\frac{1}{10}$	4	13	5	1 15		39	7	6
1754	19	5		3	12	6					
1755	14	16	3	3	9	9					
1756	16	3	9	3	12						
1757	22			3	14	6					
1758	18	17	6	4	8	6					
1759	20			5	4	6					
1760	19	16	3	5	6						
1761	15	18		4	1	9					
1762	16	1	3	3	8	9					
1763	15	17	6	3	11						
Total des 10 années...	178	15	6	40	9	3					
Prix commun.	17	17	6	4		11					

Pp

RÉSULTAT DE LA Ire TABLE.

Prix du plus beau froment vendu dans les marchés de Paris, Lyon & Londres depuis 1674 jusques & compris 1763 pour les deux première, & jusques & compris 1753 pour la dernière.

P A R I S.

Le septier de bled, mesure de Paris, pesant 240 livres, a valu

de 1674 à 1684. . .	26 liv.	9 sols
de 1684 à 1694. . .	23	19
de 1694 à 1704. . .	29	8
de 1704 à 1714. . .	25	6
	105	2
Prix commun.	26	5 6 d.

de 1724 à 1734. . .	19 liv.	17 sols
de 1734 à 1744. . .	18	17
de 1744 à 1754. . .	17	10
de 1754 à 1764. . .	17	17
	74	1
Prix commun. . . .	18	10

La valeur a été prise sur le premier marché des mois de Janvier, Avril, Juillet & Octobre de chaque année.

La livre de grain a valu de 1674 à 1714. . . . 2 sols 2 d. $\frac{66}{240}$.

de 1724 à 1764. . . . 1   6 $\frac{1}{2}$.

La valeur du grain de la première époque est à la seconde comme $26\frac{66}{240}$ est à $18\frac{120}{240}$.

LYON.

Le bichet de bled, mesure de Lyon, pesant 50 livres, a valu

de 1674 à 1684. . . 4 liv. 14 fols
de 1684 à 1694. . . 4 — 14
de 1694 à 1704. . . 6 — 2
de 1704 à 1714. . . 5 — 19

21 — 9

Prix commun. . . . 5 — 7 — 3 d.

de 1724 à 1734. . . 4 liv. fols.
de 1734 à 1744. . . 4 — 2
de 1744 à 1754. . . 4 — 13
de 1754 à 1764. . . 4 — 1

16 — 16

Prix commun. . . . 4 — 4

La valeur a été prise sur le premier marché des mois de Janvier,
Avril, Juillet & Octobre de chaque année.

La livre du grain a valu de 1674 à 1714. . . . 2 fols 1 d. $\frac{17}{10}$.
de 1724 à 1764. . . 1 — 8 — $\frac{5}{10}$.

La valeur du grain de la première époque est à la seconde comme
25 $\frac{17}{10}$ est à 20 $\frac{5}{10}$.

REFLEXIONS

LONDRES.

Le quarter de bled, mesure de Londres, pesant 458 livres, a valu, suivant la réduction de la monnoie de France,

de 1674 à 1684. . . .	57 liv.	3 sols
de 1684 à 1694. . .	45	19,
de 1694 à 1704. . .	58	17,
de 1704 à 1714. . .	54	

	215.	19
Prix commun. . . .	53	19 9 den.

de 1714 à 1724. . . .	45	13
de 1724 à 1734. . .	44	17,
de 1734 à 1744. . .	43	2
de 1744 à 1754. . .	39	7

	172	19
Prix commun. . . .	43	4 9

La livre de grain a valu, de 1674 à 1714. . . 2 sols 4 den. $\frac{111}{458}$
de 1714 à 1754. . . 1 10 $\frac{304}{458}$

La valeur du grain de la première époque est à la seconde comme 28 $\frac{155}{458}$ est à 22 $\frac{101}{458}$.

Le prix du quarter de bled, mesure de Londres, a été tiré de *l'Essai sur la Police des grains*, imprimés en 1755, pag. 150. On trouve le poids du quarter de Londres dans *l'Essai sur les Monnoies*, imprimée à Paris en 1746, page 185 de la deuxième partie. Les Auteurs de ces deux Ouvrages ont observé que le prix du bled étoit considérablement diminué depuis 50 ans à Londres.

II.^{de} TABLE Ire PARTIE.

Prix du plus beau Bled froment, mesure de Montpellier, du poids de 76 liv., depuis 1694 jusques & compris 1713.

La valeur du bled a été prise sur le premier marché des mois de Janvier, Avril, Juillet & Octobre de chaque année.

Années.	Prix de la mesure de Montpellier du plus beau bled du poids de 76 L., la valeur a été calculée sur la proportion de 54 liv. 6 s. valeur actuelle du marc d'argent fin.		Années.	Prix de la mesure de Montpellier du plus beau bled du poids de 76 L., la valeur a été calculée sur la proportion de 54 l. 6 s. valeur actuelle du marc d'argent fin.	
1694	9 liv.	14 sols.	1704	8 liv.	8 s.
1695	9	1	1705	7	7
1696	9	4	1706	8	2
1697	10		1707	7	12
1698	9	12	1708	6	16
1699	10	3	1709	13	16
1700	9	10	1710	11	19
1701	8	4	1711	7	10
1702	6	3	1712	8	10
1703	8	19	1713	9	8
TOTAL...	90	10	*TOTAL...*	89	8
Prix commun...	9	1	*Prix commun...*	8	18	9 d.

La mesure du poids de 76 liv. a valu

depuis 1694 jusques & compris 1703. . . 9 liv. 1 sol.
depuis 1700 jusques & compris 1713. . . 8 18 9 den.

$$\begin{array}{ccc} 17 & 19 & 9 \\ \textit{Prix commun.} \quad 8 & 19 & 11 \end{array}$$

depuis 1744 jusques & compris 1753. . . 7 16
depuis 1754 jusques & compris 1763. . . 7 9 6

$$\begin{array}{ccc} 15 & 5 & 6 \\ \textit{Prix commun.} \quad 7 & 12 & 9 \end{array}$$

La livre du grain a valu, de 1694 à 1714. . . 2 4
de 1744 à 1764. . . 2

La valeur du grain, dans la première époque est à la seconde comme 28 à 24.

II.de **TABLE II.**me **PARTIE.**

PRIX du plus beau Bled froment, mesure de Montpellier, du poids de 76 liv., depuis 1744 jusques & compris 1763.

La valeur du bled a été prise sur le premier marché des mois de Janvier, Avril, Juillet & Octobre de chaque année.

Années.	Prix de la mesure de Montpellier du plus beau bled du poids de 76 l., la valeur a été calculée sur la proportion de 54 l. 6 s., valeur actuelle du marc d'argent fin.		*Années.*	Prix de la mesure de Montpellier du plus beau bled du poids de 76 l., la valeur a été calculée sur la proportion de 54 l. 6 s., valeur actuelle du marc d'argent fin.	
1744	6 liv. 10 sols.		1754	6 liv. 19 s.	
1745	6	5	1755	6	15
1746	6	6	1756	7	3
1747	8	13	1757	7	5
1748	10	1	1758	7	11
1749	8	16	1759	9	3
1750	9	2	1760	9	4
1751	7	13	1761	7	2
1752	7	13	1762	6	17
1753	7	1	1763	6	17
TOTAL...	78		*TOTAL...*	74	15
Prix commun.	7	16	*Prix commun.*	7	9 6 d.

III.me TABLE I.re PARTIE.

PRIX du septier de Bled froment, mesure de Clermont, du poids de 190 liv., depuis 1701 jusques & compris 1730.

Le prix du bled a été pris sur le premier marché des mois de Janvier, Avril, Juillet & Octobre de chaque année.

Années.	Prix du septier de bled, mesure de Clermont, du poids de 190 l. la valeur a été calculée sur la proportion de 54 l. 6 f., valeur actuelle du marc d'argent fin.		Années.	Prix du septier de bled, mesure de Clermont, du poids de 190 l. la valeur a été calculée sur la proportion de 54 l. 6 f., valeur actuelle du marc d'argent fin.		Années.	Prix du septier de bled, mesure de Clermont, du poids de 190 l. la valeur a été calculée sur la proportion de 54 l. 6 f., valeur actuelle du marc d'argent fin.	
1701	19 liv. 14 f.		1711	14 liv. 15 f.		1721	7 liv. 18 f.	
1702	11	16	1712	18	2	1722	7	3
1703	9	14	1713	28	1	1723	8	
1704	8	18	1714	20	11	1724	11	9
1705	9	9	1715	15	14	1725	14	7
1706	9	8	1716	8	13	1726	12	1
1707	7	7	1717	8	16	1727	8	18
1708	10	5	1718	8	5	1728	9	
1709	39	9	1719	8	5	1729	11	7
1710	27	16	1720	10	19	1730	9	2
TOTAL.	153	16	TOTAL.	142	1	TOTAL.	99	5
Prix comm.	15	7 7d.	Prix comm.	14	4 1 d.	Prix comm.	9	18 6 d.

Le septier de froment du poids de 190 livres, a valu

de 1701 à 1711	15 liv.	7 sols 7 den.
de 1711 à 1721	14	4 1
de 1721 à 1731 . . .	9	18 6
	39	10 2
Prix commun. . . .	13	3 5

de 1735 à 1745	11	11 7
de 1745 à 1755	12	18 4
de 1755 à 1765 . . .	11	11 7
	36	1 6
Prix commun. . . .	12	6

La livre de grain a valu, de 1701 à 1731 . . . 1 f. 4 d. $\frac{121}{190}$
de 1735 à 1765 . . . 1 3 $\frac{181}{190}$

La valeur des grains de la première époque est à la seconde comme 16 $\frac{121}{190}$ à 15 $\frac{56}{190}$.

III.ᵐᵉ TABLE II.ᵈᵉ PARTIE.

Prix du septier de Bled froment, mesure de Clermont, du poids de 190 liv., depuis 1735 jusques & compris 1764.

Le prix du bled a été pris sur le premier marché des mois de Janvier, Avril, Juillet & Octobre de chaque année.

Années.	Prix du septier de bled, mesure de Clermont, du poids de 190 l.		Années.	Prix du septier de bled, mesure de Clermont, du poids de 190 l.		Années.	Prix du septier de bled, mesure de Clermont, du poids de 190 l.	
	liv.	sols. d.		liv.	sols. d.		liv.	sols. d.
1735	11	14	1745	6	12	1755	8	12
1736	11	9	1746	11		1756	10	12
1737	13	10	1747	11	17	1757	13	12
1738	9	17	1748	14	10	1758	14	10
1739	13	17	1749	18	8	1759	15	
1740	15		1750	17	19	1760	14	2
1741	15	18	1751	12	13	1761	10	4
1742	10	7	1752	13	6	1762	9	13
1743	7	5	1753	13	2	1763	9	
1744	6	19	1754	9	16	1764	10	11
TOTAL.	115	16	TOTAL.	129	3	TOTAL.	115	16
Prix comm.	11	11 7	Prix comm.	12	18 4	Prix comm.	11	11 7

IV.ᵐᵉ

IV.me TABLE.

COMPARAISON du nombre des balles de laine employées dans la Fabrique d'Elbeuf, avec le prix des grains depuis 1740 jusques & compris 1763.

On a mis dans la première colonne des années, celles où il y a eu le plus de balles employées dans cette Manufacture ; & dans la seconde, celles où il y en a eu le moins.

Le nombre des balles de laine a été pris sur le Registre qu'on en tient pour la perception du droit auquel cette marchandise est assujettie a l'entrée d'Elbeuf.

La prix du bled a été pris sur les premiers marchés de Pâques, Saint-Jean, Saint-Michel & Noël.

Années.	Nombre des balles de laine.	Prix de la mine de bled, mesure de Rouen, au marché de Rouen.			Années.	Nombre des balles de laine.	Prix de la mine de bled, mesure de Rouen, au marché de Rouen.		
		liv.	f.	d.			liv.	f.	d
1744	4753	6	11	9	1740	3802	18		-
1745	4477	6	13	9	1741	3672	17	11	9
1746	4521	8	1	3	1742	3903	9	15	
1747	4897	10			1743	3727	7	3	9
1748	5137	10	7	6	1752	3190	13	15	
1749	5830	10	12	6	1753	4258	13	7	6
1750	6127	10	7	6	1754	4393	10	10	
1751	4842	12	10		1755	4381	9	7	6
1756	5080	8	18	9	1758	4008	12	15	
1757	5307	15	15		1760	3370	12	1	3
1759	4539	10	16	3	1761	3968	9	10	
1763	4997	8	15		1762	4461	9	15	
TOTAL...	60507	119	9	3	TOTAL...	47133	143	11	9
Année comm.	5042	9	19	1	Année comm.	3927	11	19	3

Q q.

Vme T A B L E.

COMPARAISON du nombre des balles de laine employées dans la Fabrique d'Elbeuf, avec le prix des grains depuis 1740 jufques & compris 1763.

On a choifi dans ces 24 années les quatre où il y a eu le plus de balles employées dans cette Manufacture, & on les a portées dans la première colomne des années, & on a mis dans la feconde les quatre où il y en a eu le moins.

Années.	Nombre des balles de laine.	Prix de la mine de bled mefure de Rouen.			Années.	Nombre des balles de laine.	Prix de la mine de bled mefure de Rouen.		
		liv.	f.	d.			liv.	f.	d.
1748	5137	10	7	6	1741	3672	17	11	9
1749	5830	10	12	6	1743	3727	7	3	9
1750	6127	10	7	6	1752	3190	13	15	
1757	5307	15	15		1760	3370	12	1	3
TOTAL...	22401	47	2	6	TOTAL...	13959	50	11	9
Année comm.	5600	11	15	7	Année comm.	3490	12	12	11

VI.me TABLE.

E T A T de la valeur de toutes les pièces de Toileries & Soieries marquées & visitées dans les Bureaux de la Généralité de Rouen, depuis 1744 jusques & compris 1763.

On a mis dans la première colonne des années celles où il y a eu une plus grande fabrication ; & dans la seconde, celles où il y en a eu le moins.

La valeur des toiles, &c. a été prise sur l'état qui en est fourni tous les ans par l'Inspecteur des Manufactures.

Le prix du bled a été pris sur le premier marché de Pâques, Saint-Jean, Saint-Michel & Noël.

Années.	Valeur des pièces de toiles.	Valeur de la mine de bled mesure de Rouen.			Années.	Valeur des pièces de toiles.	Valeur de la mine de bled mesure de Rouen.		
		liv.	f.	d.			liv.	f.	d.
1745	25633700	6	13	9	1744	22528666	6	11	9
1746	32760374	8	1	3	1751	24923077	12	10	
1747	31884149	10			1752	24855512	13	15	
1748	31125394	10	7	6	1756	24869528	8	18	9
1749	31224090	10	12	6	1757	24996656	15	15	
1750	29449639	10	7	6	1758	20779987	12	15	
1753	26504452	13	7	6	1759	19867080	10	16	3
1754	28291491	10	10		1760	20318768	12	1	3
1755	29515725	9	7	6	1761	23486882	9	10	
1763	27144780	9	15		1762	24916387	9	15	
TOTAL...	293733794	99	2	6	TOTAL...	231542543	112	8	
Année comm	29373379	9	18	3	Année-comm.	23154254	11	4	9

Q q ij

VII.me TABLE.

ETAT de la valeur de toutes les Toileries & Soieries marquées & visitées dans les Bureaux de la Généralité de Rouen, depuis 1744 jusques & compris 1763.

On a mis dans la première colomne des années les quatre où il y a eu le plus de fabrication ; & dans la seconde, les quatre où il y en a eu le moins.

Années.	Valeur des pièces de toiles.	Valeur de la mine de bled, mesure de Rouen.			Années.	Valeur des pièces de toiles.	Valeur de la mine de bled, mesure de Rouen.		
		liv.	fols.	d.			liv.	fols.	d.
1746	32760374	8	1	3	1744	22528666	6	11	9
1747	31884149	10			1758	20779987	12	15	
1748	31125394	10	7	6	1759	19867080	10	16	3
1749	31224090	10	12	6	1760	20318768	12	1	3
TOTAL.	126994007	39	1	3	TOTAL.	83494501	42	4	3
Année commune.	31748501	9	15	4	Année commune.	20873625	10	11	1

VIII.me TABLE I.re PARTIE.

COMPARAISON de la mortalité de Paris , avec le prix des grains depuis 1724 jusques & compris 1743.

On a mis dans la première colonne des années celles qui ont été les plus mortelles ; & dans la seconde, celles qui l'ont été le moins.

Le nombre des morts a été pris sur les listes imprimées tous les ans par ordre de la Police.

Années.	Nombre des Morts.	Prix du septier de bled, mesure de Paris.			Années.	Nombre des Morts.	Prix du septier de bled, mesure de Paris.		
		liv.	sols.	d.			liv.	sols.	d.
1724	19719	24	17		1725	18039	34	4	
1727	19100	19	1	3	1726	19022	29		6
1729	19852	16	12		1728	16887	13	6	3
1731	20832	19	10		1730	17452	16	1	3
1738	19581	17	16	3	1732	17532	14	6	3
1739	21986	20	7	6	1733	17466	11	17	6
1740	25284	25	12	6	1734	15122	12	2	6
1741	23574	37			1735	16196	12	16	3
1742	22784	21	7	6	1736	18900	14	3	
1743	19033	12	16	3	1737	18678	14	16	9
TOTAL.	211745	215	3		TOTAL. Année	175294	172	14	3
A été commune.	21174	21	10		commune.	17529	17	5	5

VIII.me TABLE II.de PARTIE.

COMPARAISON de la mortalité de Paris, avec le prix des grains depuis 1744 jusques & compris 1763.

On a mis dans la première colomne celles qui ont été les plus mortelles ; & dans la seconde, celles qui l'ont été le moins.

Le nombre des morts a été pris sur les listes imprimées tous les ans par ordre de la Police.

Années.	Nombre des Morts.	Prix du septier de bled, mesure de Paris.			Années.	Nombre des Morts	Prix du septier de bled, mesure de Paris.		
		liv.	sols.	d.			liv.	sols.	d.
1748	19526	19	15		1744	16205	11	15	
1749	18607	18	12	6	1745	17322	12	1	3
1753	21716	20	3	9	1746	18051	14	17	6
1754	21724	19	5		1747	18158	15	10	6
1755	20021	14	16	3	1750	18084	18		
1757	20120	22			1751	16673	19	13	9
1758	19202	18	17	6	1752	17762	24	15	
1760	18531	19	16	3	1756	17236	16	3	9
1762	19751	16	1	3	1759	18446	20		
1763	19937	15	17	6	1761	17493	15	18	
TOTAL.	199535	185	5		TOTAL.	175430	168	14	9
Année commune.	19913	18	10	6	Année commune.	17543	16	17	6

IX.me TABLE I.re PARTIE.

COMPARAISON de la mortalité de Paris avec le prix des grains.

On a mis dans la première colomne des années les quatre qui ont été les plus mortelles ; & dans la seconde , celles qui l'ont été le moins depuis 1744 jusques & compris 1763.

Années.	Nombre des Morts.	Prix du septier de bled , mesure de Paris.			Années.	Nombre des Morts.	Prix du septier de bled , mesure de Paris.		
		liv.	sols.	d.			liv.	sols.	d.
1753	21716	20	3	9	1744	16205	11	15	
1754	21724	19	5		1745	17322	12	1	3
1755	20021	14	16	3	1751	16673	19	13	9
1757	20120	22			1756	17236	16	3	9
TOTAL.	83581	76	5		TOTAL.	67436	59	13	9
Année commune.	20895	19	1	3	Année commune.	16859	14	18	5

IX.me TABLE. II.de PARTIE.

COMPARAISON de la mortalité de Londres avec le prix des grains, depuis 1714 jusques & compris 1733.

On a mis dans la première colomne des années celles qui ont été les plus mortelles; & dans la seconde, celles qui l'ont été le moins.

Le nombre des morts a été tiré pour chaque année de la collection des Bills de mortalité imprimés à Londres en 1759.

Années.	Nombre des Morts.	Prix du quarter de bled, mesure de Londres.			Années.	Nombre des Morts.	Prix du quarter de bled, mesure de Londres.	
		Monnoie D'ANGLET.		Monnoie DE FRANCE.			Monnoie D'ANGLET.	Monnoie DE FRANCE.
		l. ft. fch.		liv. fols. d.			l. ft. fch.	liv. fols. d.
1714	26569	2 10 4		56 12 6	1715	22232	2 3	48 7 6
1718	26523	1 18 10		43 13 9	1716	24436	2 8	54
1719	28347	1 15		39 7 6	1717	23446	2 5 8	51 7 6
1723	29197	1 14 8		39	1720	25454	1 17	41 12 6
1726	29647	2 6		51 15	1721	26142	1 17 6	42 3 9
1727	28418	2 2		47 5	1722	25750	1 16	40 10
1728	27810	2 14		60 15	1724	25952	1 17	41 12 6
1729	29722	2 6 10		52 13 9	1725	25523	2 8 6	54 11 3
1730	26761	1 16 6		41 1 3	1731	25262	1 12 10	36 18 9
1733	29233	1 8 4		31 17 6	1732	23358	1 6 8	30
TOTAL.	282227	20 12 6		464 1 3	TOTAL.	247555	19 12 2	441 3 9
Année commune.	28222	2 1 3		46 8 1	Année commune.	24755	1 19 3	44 2 4

X.me

IX.me TABLE. III.me PARTIE.

COMPARAISON de la mortalité de Londres avec le prix, des grains, depuis 1734 jusques & compris 1754.

On a mis dans la première colomne des années celles qui ont été les plus mortelles; & dans la feconde, celles qui l'ont été le moins.

Le nombre des morts a été pris, pour chaque année, de la collection des Bills de mortalités imprimés à Londres en 1759.

Années.	Nombre des Morts.	Prix du quarter de bled, mesure de Londres.					Années.	Nombre des Morts.	Prix du quarter de bled, mesure de Londres.				
		Monnoie D'ANGLET.			Monnoie DE FRANCE.				Monnoie D'ANGLET.			Monnoie DE FRANCE.	
		l. st.	sch.		liv.	sols.	d.			l. st.	sch.	liv.	sols.	d.
1734	26062	1	18	10	43	13	9	1735	23538	2	3	48	7	6
1736	27581	2		4	45	7	6	1739	25432	1	18	6	43	6	3
1737	27823	1	18		42	15		1743	25200	1	5	4	28	10	
1738	25825	1	15	6	39	18	9	1744	20606	1	11	6	35	8	9
1740	30811	2	7		52	17	6	1745	21296	1	5	9	28	19	4
1741	32169	2	4	11	50	10	7	1748	23869	1	16	3	40	15	7
1742	27483	1	12		36			1750	23727	1	12	6	36	11	3
1746	28157	1	18	6	43	6	3	1751	21028	1	16	5	40	19	4
1747	25404	1	18	6	43	6	3	1752	20485	1	17	9	42	9	4
1749	25516	1	15	8	40	2	6	1753	19276	1	17	2	41	16	3
TOTAL.	276921	19	9	3	437	18	1	TOTAL.	224457	17	4	2	387	3	7
Année commune.	27692	1	19		43	15	9	Année commune.	22445	1	14	5	38	14	4

R r

X.me TABLE.

COMPARAISON de la mortalité de Londres avec le prix des grains.

On a mis dans la première colomne des années les quatre qui ont été les plus mortelles ; & dans la seconde, celles qui l'ont été le moins depuis 1734 jusques & compris 1753.

Années.	Nombre des Morts.	Prix du quarter de bled, mesure de Londres.				Années.	Nombre des Morts.	Prix du quarter de bled, mesure de Londres.			
		Monnoie D'ANGLET.		Monnoie DE FRANCE.				Monnoie D'ANGLET.		Monnoie DE FRANCE.	
		l. ſt.	ſch.	liv. ſols.	d.			l. ſt.	ſch.	liv. ſols.	d.
1736	27581	2 0	4	45 7	6	1744	20606	1 11	6	35 8	9
1737	27823	1 18		42 15		1745	21296	1 5	9	28 19	4
1740	30811	2 7		52 17	6	1751	21028	1 16	5	40 19	4
1741	32169	2 4	11	50 10	7	1752	20485	1 17	9	42 9	4
TOTAL.	118384	8 10	3	191 10	7	TOTAL.	83415	6 11	5	147 16	9
Année commune.	29596	2 12	6	47 17	6	Année commune.	20853	1 12	10	36 19	2

XIme TABLE. Ire PARTIE.

COMPARAISON *du nombre des malades & de la mortalité de l'Hôtel-Dieu de Paris avec le prix des grains.*

On a mis dans la première colomne des années celles où il y a eu le plus de malades; & dans la seconde, celles où il y en a eu le moins.

Le nombre des malades & des morts a été pris sur les Registres tenus dans cet Hôpital.

Années.	Nombre des Malades.	Nombre des Morts.	Prix du septier, mesure de Paris.			Années.	Nombre des Malades.	Nombre des Morts.	Prix du septier, mesure de Paris.		
			liv.	ſ.	d.				liv.	ſ.	d.
1725	21315	4662	34	4		1724	20391	5317	24	17	
1726	23414	5253	29		6	1727	20898	4666	19	1	3
1729	22703	5150	16	12		1728	19015	3928	13	6	3
1731	22511	5006	19	10		1730	19574	3933	16	1	3
1732	23148	4311	14	6	3	1733	19238	3716	11	17	6
1736	21015	4221	14	3		1734	16849	3148	12	2	6
1739	25926	5837	20	7	6	1735	18521	3767	12	16	3
1740	27088	7894	25	12	6	1737	20791	4843	14	16	9
1741	27361	7191	37			1738	20284	5158	17	16	3
1742	23944	5893	12	16	3	1743	17335	4064	12	16	3
TOTAL des 10 années.	238425	55418	223	12		TOTAL des 10 années.	192896	42540	155	11	3
Année comm.	23842	5542	22	7	2	Année comm.	19289	4254	15	11	1

XI.me TABLE. II.de PARTIE.

COMPARAISON du nombre des malades & de la mortalité
de l'Hôtel-Dieu de Paris avec le prix des grains.

On a mis dans la première colomne des années celles où il y a eu le plus de malades ;
& dans la feconde, celles où il y en a eu le moins.

Le nombre des malades & des morts a été pris fur les Regiftres tenus dans cet Hôpital.

Années.	Nombre des Malades.	Nombre des Morts.	Prix du feptier de bled, mefure de Paris.			Années.	Nombre des Malades.	Nombre des Morts.	Prix du feptier de bled, mefure de Paris.		
			liv.	fols.	d.				liv.	fols.	d.
1749	21082	4281	18	12	6	1744	15819	3543	11	15	
1752	22519	4505	24	15		1745	16654	3688	12	1	3
1753	24376	5292	20	3	9	1746	17728	4208	14	17	6
1754	22554	5442	19	5		1747	17958	4261	15	10	6
1757	21112	4674	22			1748	19691	4794	19	15	
1759	21085	4384	20			1750	20590	4559	18		
1760	23417	4911	19	16	3	1751	19672	4026	19	13	9
1761	21719	4652	15	18		1755	20367	4858	14	16	3
1762	21219	4917	16	1	3	1756	19487	4042	16	3	9
1763	24438	5352	15	17	6	1758	20430	4652	18	17	6
TOTAL des 10 années.	223521	48410	192	9	3	TOTAL des 10 années.	188396	42631	161	10	6
Année comm.	22352	4841	19	4	11	Année comm.	18839	4263	16	3	

XII.me TABLE. I.re PARTIE.

COMPARAISON *du nombre des malades & de la mortalité de l'Hôtel-Dieu de Paris avec le prix des grains.*

On a mis dans la première colomne des années les quatre qui ont été les plus mortelles depuis 1724 jusques & compris 1743 ; & dans la seconde, les quatre années qui
ont été les moins mortelles dans le même espace de temps.

Années.	Malades.	Morts.	Prix du septier de bled, mesure de Paris.			Années.	Malades.	Morts.	Prix du septier de bled, mesure de Paris.		
			liv.	sols.	d.				liv.	sols.	d.
1739	25926	5837	20	7	6	1728	19015	3928	13	6	3
1740	27088	7894	25	12	6	1734	16849	3148	12	2	6
1741	27361	7191	37			1735	18521	3767	12	16	3
1742	23944	5893	21	7	6	1743	17335	4064	12	16	3
TOTAL.	104319	26815	104	7	6	TOTAL..	71720	14907	51	1	3
Année commune.	26080	6704	26	1	11	Année commune.	17930	3727	12	15	4

XII.me TABLE. II.de PARTIE.

COMPARAISON du nombre des malades & de la mortalité de l'Hôtel-Dieu de Paris avec le prix des grains.

On a mis dans la première colomne des années les quatre qui ont été les plus mortelles ; & dans la seconde, celles qui l'ont été le moins depuis 1744 jusques & compris
1763.

Années.	Malades.	Morts.	Prix du septier de bled, mesure de Paris.			Années.	Malades.	Morts.	Prix du septier de bled, mesure de Paris.		
			liv.	sols.	d.				liv.	sols.	d.
1753	24376	5292	20	3	9	1744	15819	3543	11	15	
1754	22554	5442	19	5		1745	16654	3688	12	1	
1760	23417	4911	19	16	3	1746	17728	4208	14	17	
1763	24438	4917	15	17	6	1747	17958	4261	15	10	
TOTAL.	94785	20562	75	2	6	TOTAL.	68159	15700	54	3	
Année commune.	13696	5140	18	15	7	Année commune.	17040	3925	13	10	9

XIII.me TABLE I.re PARTIE.

COMPARAISON du nombre des malades & de la mortalité de l'Hôtel-Dieu de Lyon avec le prix des grains, depuis 1724 jusques & compris 1743.

On a mis dans la première colonne des années celles qui ont été les plus mortelles; & dans la seconde, celles qui l'ont été le moins.

Le nombre des malades & des morts a été pris sur les Registres tenus dans cet Hôpital.

Années.	Malades.	Morts.	Prix du bichet de bled, mesure de Lyon.			Années.	Malades.	Morts.	Prix du bichet de bled, mesure de Lyon.		
			liv.	fols.	d.				liv.	fols.	d.
1729	10590	1076	3	6	9	1724	8043	627	3	15	6
1733	11165	1158	4	10	9	1725	7852	864	4	19	6
1734	10911	1176	3	19	3	1726	8589	735	4	8	7
1736	11374	1105	4	8		1727	8579	752	3	5	6
1737	11066	1026	4	1	3	1728	9224	784	3	6	3
1739	11126	1055	3	19	6	1730	9663	910	3	13	
1740	10492	1041	4		3	1731	8529	871	3	16	6
1741	10771	1040	4	17	9	1732	10042	825	3	17	6
1742	11124	905	4	2		1735	10240	1013	4	3	
1743	11533	1020	3	8	6	1738	9630	744	4		3
TOTAL.	110152	10602	40	14		TOTAL.	90391	8125	39	5	7
Année commune.	11015	1060	4	1	5	Année commune.	9039	812	3	18	7

XIII.me TABLE. II.de PARTIE.

COMPARAISON du nombre des malades & de la mortalité de l'Hôtel-Dieu de Lyon avec le prix des grains, depuis 1744 jusques & compris 1763.

On a mis dans la première colomne des années celles qui ont été les plus mortelles; & dans la seconde, celles qui l'ont été le moins.

Le nombre des malades & des morts a été pris sur les Regiftres tenus dans cet Hôpital.

Années.	Malades.	Morts.	Prix du bichet de bled, mefure de Lyon.			Années.	Malades.	Morts.	Prix du bichet de bled, mefure de Lyon.		
			liv.	fols.	d.				liv.	fols.	d.
1746	12765	1144	3	12	9	1744	11039	905	3	9	9
1747	15824	1547	5	9		1745	11469	1070	3	7	
1748	14394	1354	6	11	6	1750	11426	925	5	12	
1749	15491	1284	6	16	6	1751	9899	842	3	13	3
1758	14033	1167	4	8	6	1752	11252	925	4	6	3
1759	15340	1251	5	4	6	1753	11784	934	3	16	6
1760	14030	1065	5	6		1754	11103	805	3	12	6
1761	12976	967	4	1	9	1755	11898	944	3	9	9
1762	14569	1176	3	8	9	1756	12267	894	3	13	
1763	16013	1135	3	11		1757	12687	946	3	14	6
TOTAL.	145435	12090	48	10	3	TOTAL.	114824	9190	38	13	6
Année commune.	14543	1209	4	17		Année commune.	11482	919	3	17	4

XIV.me

XIV.me TABLE I.re PARTIE.

COMPARAISON *du nombre des malades & de la mortalité de l'Hôtel-Dieu de Lyon avec le prix des grains.*

On a mis dans la première colomne des années les quatre où il y a eu le plus de malades ; & dans la seconde, les quatre où il y en a eu le moins, depuis 1724 jusques & compris 1743.

Années.	Malades.	Morts.	Prix du bichet de bled, mesure de Lyon.			Années.	Malades.	Morts.	Prix du bichet de bled, mesure de Lyon.		
			liv.	sols.	d.				liv.	sols.	d.
1733	11165	1158	4	10	9	1724	8043	687	3	15	6
1736	11374	1105	4	8		1725	7852	864	4	19	6
1739	11126	1055	3	19	6	1727	8579	752	3	5	6
1743	11533	1020	3	8	6	1731	8529	871	3	16	6
TOTAL.	45198	4338	16	6	9	TOTAL..	33003	3174	15	17	
Année commune.	11299	1084	4	1	8	Année commune.	8251	793	3	19	3

XIVme TABLE. II.^de PARTIE.

COMPARAISON du nombre des malades & de la mortalité de l'Hôtel-Dieu de Lyon avec le prix des grains.

On a mis dans la première colomne des années les quatre où il y a eu le plus de malades; & dans la seconde, les quatre années où il y en a eu le moins depuis 1744 jusques & compris 1763.

Années.	Malades.	Morts.	Prix du bichet de bled, mesure de Lyon.			Années.	Malades.	Morts.	Prix du bichet de bled, mesure de Lyon.		
			liv.	sols.	d.				liv.	sols.	d.
1747	15824	1547	5	9		1745	11469	1070	3	7	
1749	15491	1284	6	16	6	1751	9899	842	3	13	3
1759	15340	1251	5	4	6	1752	11252	925	4	6	3
1763	16013	1135	3	11		1754	11039	905	3	12	6
TOTAL.	62668	5217	21	1		TOTAL.	43659	3742	14	19	
Année commune.	15667	1304	5	5	3	Année commune.	10915	935	3	14	9

XV.me TABLE. I.re PARTIE.

COMPARAISON du nombre des malades & de la mortalité de l'Hôtel-Dieu de Rouen avec le prix des grains, depuis 1680 jusques & compris 1699.

On a mis dans la première colomne des années celles qui ont été les plus mortelles ; & dans la seconde, celles qui l'ont été le moins.

Le nombre des malades & des morts a été pris sur les Registres tenus dans cet Hôpital.

Années.	Malades.	Morts.	Prix du septier de bled, mesure de Paris, au marché de Paris.			Années.	Malades.	Morts.	Prix du septier de bled, mesure de Paris. au marché de Paris.		
			liv.	f.	d.				liv.	f.	d.
1680	3126	606	27	3		1682	2341	359	26	2	6
1681	2748	579	28	3		1683	2175	299	24		
1684	2732	400	29	7	9	1687	2048	366	21	6	3
1685	3461	482	33	5	3	1688	1946	343	15	2	
1686	2678	471	21	13	3	1689	1953	330	17	9	
1691	3760	430	17	9	9	1690	2577	326	17	13	9
1692	3100	545	22	16	3	1695	1676	272	22	15	6
1693	7453	1772	43			1696	1640	252	23	8	3
1694	6954	2294	52	2	6	1697	1852	264	25	10	
1699	2657	348	39	18	9	1698	2053	278	31	17	6
TOTAL.	38669	7927	315	4	6	TOTAL.	20261	3089	225	4	9
Année commune.	3867	792	31	10	5	Année commune.	2026	309	22	10	6

* Pour les 20 années depuis 1680 jusques & compris 1699 on a employé le prix du septier de Paris, attendu que le prix des grains, au marché de Rouen, ne remonte pas plus haut qu'en 1709.

Ss ij

XV.me TABLE. II.de PARTIE.

COMPARAISON du nombre des malades & de la mortalité de l'Hôtel-Dieu de Rouen avec le prix des grains, depuis 1741 jusques & compris 1760.

On a mis dans la première colomne des années celles qui ont été les plus mortelles; & dans la seconde, celles qui l'ont été le moins.

Le nombre des malades & des morts a été pris sur les Registres tenus dans cet Hôpital.

Années.	Malades.	Morts.	Prix de la mine de bled, mesure de Rouen, au marché de Rouen.			Années.	Malades.	Morts.	Prix de la mine de bled, mesure de Rouen, au marché de Rouen.		
			liv.	fols.	d.				liv.	fols.	d.
1741	6590	815	17	11	9	1744	3377	392	6	11	9
1742	5276	767	9	15		1745	3454	420	6	13	9
1743	4403	538	7	3	9	1746	3319	495	8	1	3
1749	5041	501	10	12	6	1747	3283	393	10		
1753	4185	531	13	7	6	1748	4090	515	10	7	6
1752	4350	596	13	15		1750	4184	452	10	7	6
1757	5582	476	15	15		1751	3714	423	12	10	
1758	5061	660	12	15		1754	3911	492	10	10	
1759	6209	493	10	16	3	1755	3907	435	9	7	6
1760	5224	432	12	1	3	1756	3998	439	8	18	9
TOTAL.	51921	5809	123	13		TOTAL.	37237	4456	93	8	
Année commune.	5192	581	12	7	4	Année commune.	3723	445	9	6	9

XVI.me TABLE. I.re PARTIE.

COMPARAISON *du nombre des malades & de la mortalité de l'Hôtel-Dieu de Rouen avec le prix des grains.*

On a mis dans la première colomne des années les quatre où il y a eu le plus de malades; & dans la seconde, celles où il y en a eu le moins, depuis 1680 jusques & compris 1699.

Années.	Malades.	Morts.	Prix du septier de bled, mesure de Paris, au marché de Paris.			Années.	Malades.	Merts,	Prix du septier de bled, mesure de Paris, au marché de Paris.		
			liv.	sols.	d.				liv.	sols.	d.
1685	3461	482	33	5		1688	1946	343	15	2	
1691	3760	430	17	9	9	1695	1676	272	22	15	6
1693	7453	1772	43	7		1696	1640	252	23	8	3
1694	6954	2294	52	2	6	1697	1852	264	25	10	
TOTAL. Année commune.	21628	4978	146	4	3	TOTAL. Année commune.	7114	1131	86	15	9
	5407	1244	36	11			1778	283	21	13	11

XVI.me TABLE. II.de PARTIE.

COMPARAISON *du nombre des malades & de la mortalité*
de l'Hôtel-Dieu de Rouen avec le prix des grains.

On a mis dans la première colonne des années les quatre où il y a eu les plus de
malades ; & dans la seconde, celles où il y en a eu le moins, depuis 1742 jusques &
compris 1761.

Années.	Malades.	Morts.	Prix du septier de bled, mesure de Paris, au marché de Paris.			Années.	Malades.	Morts.	Prix du septier de bled, mesure de Paris, au marché de Paris.		
			liv.	sols.	d.				liv.	sols.	d.
1742	5276	767	21	7	6	1744	3377	392	11	15	
1759	6809	493	20			1745	3454	420	12	1	
1760	5824	432	19	16	3	1746	3319	495	14	17	
1761	5933	735	15	18		1747	3283	393	15	18	6
TOTAL.	23242	2427	77	1	9	TOTAL.	13433	1700	54	3	6
Année commune.	5810	607	19	5	5	Année commune.	3358	425	13	10	10

XVII.me TABLE. I.re PARTIE.

COMPARAISON du nombre des morts de la ville de Clermont-Ferrand avec le prix des grains, depuis 1723 jusques & compris 1742.

On a mis dans la première colomne des années celles où il y a eu le plus morts; & dans la seconde, celles où il y en a eu le moins.

Le nombre des morts a été pris sur les Registres mortuaires de chaque Paroisse.

Années.	Nombre des Morts.	Prix du septier de bled, mesure de Clermont, du poids de 190 liv.			Années.	Nombre des Morts.	Prix du septier de bled, mesure de Clermont, du poids de 190 liv.		
		liv.	sols.	d.			liv.	sols.	d.
1724	635	11	9		1723	359	8		
1727	661	8	18		1725	587	14	7	
1729	647	11	7		1726	464	12	1	
1731	627	8	18		1728	584	9		
1732	717	9	4		1730	580	9	2	
1733	728	9	11		1734	541	11	3	
1735	594	11	14		1736	466	11	9	
1738	621	9	17		1737	586	13	10	
1740	745	15			1739	574	13	17	
1741	800	15	18		1742	467	10	7	
TOTAL des 10 années.	6775	111	16		TOTAL des 10 années.	5208	112	16	
Année comm.	677	11	3	7	Année comm.	520	11	5	7

XVII.me TABLE II.de PARTIE.

COMPARAISON du nombre des morts de la ville de Clermont-Ferrand avec le prix des grains, depuis 1743 jusques & compris 1762.

On a mis dans la première colomne des années celles où il y a eu le plus de morts; & dans la feconde, celles où il y en a eu le moins.

Le nombre des morts a été pris fur les Regiftres mortuaires de chaque Paroiffe.

Années.	Nombre des Morts.	Prix du septier de bled, mefure de Clermont, du poids de 190 liv.		Années.	Nombre des Morts.	Prix du septier de bled, mefure de Clermont, du poids de 190 liv.		
		liv.	fols.			liv.	fols.	d.
1744	747	6	19	1743	493	7	5	
1747	807	11	17	1745	368	6	12	
1748	730	14	10	1746	514	11		
1749	661	18	8	1752	458	13	6	
1750	791	17	19	1753	550	13	2	
1751	618	12	13	1754	502	9	16	
1755	614	8	12	1756	404	10	12	
1758	587	14	10	1757	421	13	12	
1759	700	15		1761	504	10	4	
1760	610	14	2	1762	548	9	13	
TOTAL des 10 années.	6865	134	10	TOTAL des 10 années.	4762	105	2	
Année comm.	686	13		Année comm.	476	10	10	2

XVIII.me

XVIII.me TABLE. I.re PARTIE.

COMPARAISON du nombre des morts de la ville de Clermont-Ferrand avec le prix des grains, depuis 1723 jusques & compris 1742.

On a mis dans la première colomne des années les quatre où il y a eu le plus de morts ; & dans la seconde, les quatre où il y en a eu le moins.

Années.	Nombre des Morts.	Prix du septier de bled, mesure de Clermont, du poids de 190 liv.			Années.	Nombre des Morts.	Prix du septier de bled, mesure de Clermont, du poids de 190 liv.		
		liv.	sols.	d.			liv.	sols.	d.
1732	717	9	4		1723	359	8		
1733	728	9	11		1726	464	12	1	
1740	745	15			1736	466	11	9	
1741	800	15	18		1742	467	10	7	
TOTAL..	2990	49	13		TOTAL..	1756	41	17	
Année commune.	747	12	8	3	Année commune.	439	10	9	9

Tt

XVIII.me TABLE. II.de PARTIE.

Comparaison du nombre des morts de la ville de Clermont-Ferrand avec le prix des grains, depuis 1743 jusques & compris 1762.

On a mis dans la première colomne des années les quatre où il y a eu le plus de morts ; & dans la seconde, les quatre où il y en a eu le moins.

Années.	Nombre des Morts.	Prix du septier de bled, mesure de Clermont, du poids de 190 liv.			Années.	Nombre des Morts.	Prix du septier de bled, mesure de Clermont, du poids de 190 liv.		
		liv.	sols.	d.			liv.	sols.	d.
1744	747	6	19		1745	368	6	12	
1747	807	11	17		1752	458	13	6	
1748	730	14	10		1756	404	10	12	
1750	791	17	19		1757	421	13	12	
Total.	3075	51	5		Total.	1651	44	2	
Année commune.	769	12	16	3	Année commune.	413	11		6

F I N.

De l'Imprimerie de QUILLAU, rue du Fouarre. 1766.

TABLE
DES MATIERES
Contenues dans cet Ouvrage.

Tt ij

TABLE DES MATIERES.

TABLE DES MATIERES.

Fin de la Table.

ERRATA.

Page 16 *première ligne*, l'année commune des habitans : *lisez*, des naissances.

112 *quatrième ligne*, entre les nombres : *lisez*, entre le nombre.

117 *dernière ligne*, est comme 545 à 476 $\frac{1}{3}$ $\frac{1}{6}$: *lisez*, est comme 545 à 576 $\frac{1}{3}$ $\frac{1}{6}$.

146 *au Total des Enfans il y a* 3148 : *lisez*, 3128.

152 *de* 10 *à* 20 *il y a* 53 : *lisez*, 21.

217 *avant dernière ligne*, dans autres : *lisez*, dans les autres.

227 *quinzième ligne*, 1746 : *lisez*, 1756.

251 *huitième ligne*, 1649 : *lisez*, 1749.

266 *cinquième ligne*, Chatellenie aruberieux : *lisez*, amberieux.

269 *dernière ligne*, dans proportion : *lisez*, dans la proportion.

270 *troisième ligne*, dans cette époque éloignée : *lisez*, dans une époque éloignée.

280 *dernière ligne*, à la somme 12 liv. 10 f. *lisez*, à la somme de 12 liv. 10 f.

281 *huitième ligne*, à même fait que : *lisez*, à mesure que.

281 *dix-huitième ligne*, du quartier de bled : *lisez*, du quarter.

284 *quatrième ligne*, & il impossible : *lisez*, & il est impossible.

286 *premier mot de la dixième ligne*, *lisez*, consommation.

Idem *vingt-deuxième ligne*, l'empêcher : *lisez*, s'empêcher.

290 *douzième ligne*, par diminution : *lisez*, par la diminution.

300 *deuxième ligne*, de la monnoie : *lisez*, à la monnoie.

305 *cinquième ligne*, la prix du bled : *lisez*, le prix.

308 *septième table dernière colonne*, 12 liv. 5 f. *lisez*, 12 liv. 15 f. total 42 liv. 4 f. 3 d. *lisez*, 42 liv. 14 f. 3 d.

312 neuvième table deuxième partie : *lisez*, neuvième table première partie.

313 neuvième table troisième partie : *lisez*, neuvième table deuxième partie.

Idem *année* 1753 *dernière colonne*, 42 liv. 16 f. 3 d. *lisez*, 41 liv. 16 f. 3 d.

316 *année* 1759 *deuxième colonne* 6809 : *lisez*, 6209,

Idem *année* 1760 Idem 5824 : *lisez*, 5224

Idem *année* 1761 Idem 5933 : *lisez*, 6533.

CATALOGUE

Des Livres nouvellement imprimés, réimprimés, ou acquis depuis le premier Janvier 1766, qui se trouvent en nombre chez DURAND, Libraire, rue Saint-Jacques, à la Sagesse.

* ELISABETH, Roman, en forme de Lettres, par Madame B. 4 vol. *in-12*. 1766, br. 5 liv.

* Histoire de Miss-Honora, ou le Vice dupe de lui-même, Roman traduit de l'Anglois, 4 vol. *in-12*. 1766, br. 6 liv.

* Plagiats [les] de Jean-Jacques Rousseau, Citoyen de Genève, *in-12*. 1766. 2 liv. 10 s.

* Les mêmes, *in-8*. pour servir de suite à l'édition de ses Œuvres. 5 liv.

* Essai Historique & Philosophique sur les principaux Ridicules des différentes Nations. Par M. G*** Dourx***. br. *in-12*. 1766. 1 liv. 16 sols.

* Recherches sur la Population des Généralités de Lyon, de Rouen & d'Auvergne, & de quelques Provinces & Villes du Royaume, 1 vol. *in-4*. 1766. 10 liv.

* Abrégé de l'Histoire Ecclésiastique. Par M. Racine, *in-4*. 15 vol. 1766 : on distribue actuellement les six premiers vol. *in-4*. prix relié. 60 liv.
Les neuf derniers volumes paroîtront dans le courant de 1766. 90 liv.

Anecdotes Historiques, ou Tablettes des Rois de France : nouvelle édition considérablement augmentée. Par M. D. D. 1766, 3 vol. *in-12*. 7 liv. 10 sols.
Nota. On trouve aussi du même Auteur, les Mémoires Historiques & Critiques, & Anecdotes des Reines & Régentes de France, 4 vol. *in-12*. 1764. 12 liv.

* Histoire du Traité de Westphalie ou des Négociations qui se firent à Munster & à Osnabrug pour établir la Paix entre toutes les Puissances de l'Europe, composée principalement sur les Mémoires de la Cour & des Plénipotentiaires de France. Par le père Bougeant : nouvelle édition, *in-4*. 3 vol. 1766, *sous presse*. 30 liv.

* Hist. de Henri IV. Par Perefixe : nouvelle édit., *in-12*. 1766, *sous presse*. 2 liv. 10 s.

Année Chrétienne, par le père Croiset : nouvelle édition, considérablement augmentée. 1765. 18 vol. *in-12*. 54 liv.

Astronomie des Marins. *in-8*. 1766. 5 liv.

Aventurier [l'] Hollandois, ou la Vie & les Aventures divertissantes & extraordinaires d'un Hollandois, avec figures. Amsterdam, 1766, *sous presse*.

Bibliothéque choisie de Littérature & d'Histoire, ou l'Esprit des Ana. 2 vol. 1766. 5 liv.

De Tour un peu, ou les Amusemens de la Campagne, par l'Auteur de Rose, 1 vol. broc. 1766. 1 liv. 10 s.

Calcul des Décimales appliqué aux différentes opérations de Commerce, de Banque & de Finance, 1 vol. *in-8*. 1766, br. 1 liv. 10 s.

Clairval Philosophe, ou la Force des Passions, 2 vol. *in-12*. 1765. 3 liv.

Devoirs de la Vie Religieuse, dans lequel on résout les principaux cas de conscience qui regardent cette matiére, par M. Collet, 2 vol. *in-12*. 1765. 5 liv.

Démonstration Elémentaire de Botanique, par Bourgelat, *in-8*. 1766, *sous presse*.

Dieu, Ode, par M. Feutry, *in-4*. 1766. 6 s.

Epître sur les Voyages, par M. Delille, Piéce qui a remporté le prix de l'Académie de Marseille. 12 s.

Essai Métaphisico-Mathématique, par Freval, 1 vol. *in-8*. Amsterdam, 1766.

Guide [le] des jeunes Mathématiciens, *in-8*. Avignon, 1766. 6 liv.

Elémens & Traité de Géométrie, par M. de Puisieux, *in-8*. fig. 1765. 7 liv.

Histoire & Mémoires de l'Académie de Chirurgie de Montpellier, *in-4*. Lyon, 1766.
Tome premier, *sous presse*. 14 liv.
Matiére [la] Médicale Vétérinaire, par Bourgelat, *in-8*. 1765. 5 liv.
Mélanges d'Histoire Naturelle, par M. Alleon Dulac, Avocat en Parlement & aux Cours
de Lyon, 6 vol. *in-8*. 1765. 24 liv.
Observations sur le Commerce & sur les Arts d'une partie de l'Europe, de l'Asie, de
l'Afrique, & même des Indes Orientales, par Jean-Claude Flachat. 2 vol. *in-12*.
1766. 6 liv.
Nouveau Dictionnaire Géographique portatif de la France, où l'on donne une connois-
sance exacte des Provinces, Gouvernemens, Villes, Bourgs, Villages, Fleuves,
Riviéres, Abbayes, 4 vol. *in* 8. Avignon, 1765. 16 liv.
Parfait [le] Indigotier, *in-12*. 1766. 1 liv. 16 f.
Pensées de Voltaire, Avignon, 1766. 2 liv. 10 f.
Pharsale [la] de Lucain, traduite par M. Masson, Trésorier de France. 2 vol. *in-12*. 3 l.
Recherches sur l'Epoque de l'Equitation & de l'usage des Chars équestres chez les An-
ciens, où l'on montre l'incertitude des premiers temps Historiques des Peuples, par
le Pere Gabriel Fabricy, *in-8*. 6 liv.
Réflexions sur les Hermaphrodites, relativement à Anne Grand-Jean, qualifiée telle
dans un Mémoire de Me Vermeil, Avocat au Parlement, 1766. 12 liv.
Scipionis Gentilis, Jurisconsulti, Opera omnia, in-4. 8 vol. *Neapoli* 1765. 32 liv.
Socrate, Tragédie en cinq Actes, 1765. 1 liv. 10 f.
Traité des Maladies qui attaquent les Gens de Mer, *in-12*. Marseille, 1766. *sous presse*.
Traité des Vapeurs & des Affections vaporeuses des deux sexes, par M. Pomme, fils,
Docteur en Médecine de l'Université de Montpellier, *in-8*. 1765, nouvelle édit. 4 l.
Essai sur la Lecture, brochure *in-8*. 1765. 1 liv.
Le Porte-feuille François, ou Choix nouveau & intéressant de différentes Piéces de prose
& de poésie, 1 vol. *in-12*. 1766. relié. 2 liv. 10 f.
L'Art du Poëte & de l'Orateur, Nouvelle Rhétorique à l'usage des Colleges, précédé d'un
Essai d'éducation, 1 vol. *in-8*. 1766. 3 liv.
Parallele de la Taille Latérale de M. le Cat, avec celle du Lithotome caché, *in-8*. 1766. 6 l.
Mahulem, Histoire Orientale, vol. *in-12*. 1766. br. 1 liv. 10 f.
Erreurs de Voltaire, nouvelle édition, 1766. 2 vol. 5 liv.
Contes des Génies, ou les Charmantes Leçons d'Horam fils d'Asmar, ouvrage traduit
du Persan en Anglois, 3 vol. 1766. fig. Amsterdam. 9 liv.
Les principes naturels du Droit, & de la Politique, par M. Dreux-du-Radier, 2 volumes
in-12. 1766, reliés en un seul volume, 2 liv. 10 f.

ŒUVRES DU PERE MARIN.

La Farsalia, ou la Comédienne convertie, 1 vol. *in-12*. 2 liv. 5 f.
Agnes de S. Amour, ou la Fervente novice, 2 vol. *in-12*. 4 liv. 10 f.
Les Vies des Peres des Déserts d'Orient, avec leur doctrine spirituelle, & leur discipline
monastique, 9 vol. *in-12*. 22 liv. 10 f.
Retraite Spirituelle pour un jour de chaque mois, avec d'autres exercices de piété,
2 vol. *in-12*. 1766. 4 liv. 10 f.
La Marquise de Los Valientes, ou la Dame Chrétienne, Hist. Castillane, 2 vol. *in-12*.
4 liv. 10 f.

Institutions Militaires de Vegece, nouvelle édition, 1 vol. *in-12*. fig. 2 liv. 10 f.
Abrégé de la Fable, avec un précis des Métamorphoses d'Ovide, en forme d'Histoire
Sainte, 1 vol. 2 liv.
Mémoires Historiques, Militaires & Politiques de l'Europe depuis l'élévation de Charle-
Quint au trône de l'Empire, jusqu'au Traité d'Aix-la-Chapelle en 1748, par l'Abbé
Raynal, *in-8*. 3 vol. 9 liv. 10 f.

www.ingramcontent.com/pod-product-compliance
Lightning Source LLC
Chambersburg PA
CBHW071345280326
41927CB00039B/1752